진리를 찾아 나선
가톨릭신부의 회심

Pilgrimage from Rome
by Bartholomew F. Brewer with Alfred W. Furrell

Copyright ⓒ 1990 by Bartholomew F. Brewer with Alfred W. Furrell
All rights reserved.

Korean Translation Copyright ⓒ 2017 by Haneul Christian Book House.
Translated by permission of Ruth Brewer PO Box 19280, San Diego CA 92159

이 책의 한국어 저작권은 저작권자와의 독점 계약으로 도서출판 하늘기획에 있습니다.
저작권법에 의해 국내에서 보호를 받는 저작물이므로 무단 전재와 복제를 금합니다.

PILGRIMAGE
FROM ROME

진리를 찾아 나선
가톨릭신부의 회심

바돌로매 F. 브루어 지음 | 이대은 옮김

| 마침내 찾은 진리 |

나는 또 다른 교황이나 현대의 선지자들을 따르지 않을 것이다.

— 바돌로매 F. 브루어 —

나는 사역 중에 지칠 수는 있지만, 그 사역에 지치지는 않는다.

– 드와이트 L. 무디 –

헌정문

선교사인 댄 세실에게 특별 헌정문을 바칩니다.
그의 사랑의 노력으로 이 개정판이 나올 수 있었습니다.
또한 잃어버린 남자, 여자, 어린이들이 구원 받는 모습을 보기를
간절히 사모하는 필리핀에 계신 모든 신실한 성도들께 바칩니다.
그 나라와 공동체의 많은 수가
성경의 그리스도께 나올 것을 믿습니다.

감사의 글

하나님께 깊은 경외감을 심어주신
사랑하는 아버지와 어머니께 이 책을 바칩니다.
또한 소중한 아내 루스와 아들 스티븐에게 바칩니다.
이들의 사랑과 인내와 오랜 고난으로 이 책을 쓸 수 있었습니다.
그리고 이 책을 가능하게 해 준
알프레드 W. 퍼렐 대령께 바칩니다.

| 독자 리뷰 |

■ 미션 투 가톨릭스(Mission to Catholics)의 영향

가톨릭 신부의 회심(1982)에서 전직 사제였던 바르트 브루어는 자신이 왜 로마 가톨릭을 떠나게 되었는지에 대해 진심에서 우러난 유익한 이야기를 들려준다. 바르트는 1953년 신부로 서품을 받지만, 성경과 대비되는 교회의 교리들 때문에 힘들어하게 된다. 마침내 1963년에는 가톨릭교회를 떠나면서 예수 그리스도를 자신의 구세주로 받아들인다. 브루어는 1973년 미션 투 가톨릭스(Mission to Catholics)를 설립하고, 2005년 고향에 돌아가 주님과 함께 하기까지 신실하게 로마 가톨릭 신자들에게 하나님의 복음을 전했다.

나는 1983년 바르트 목사님의 사역을 접하며 가톨릭을 떠나 주님을 받아들였다. 미션 투 가톨릭은 내가 그리스도인으로 살기 시작한 초기에 큰 도움을 주었고, 든든한 버팀목이 되어주었다. 바르트 목사님의 부인인 루스 사모님은 아마도 여전히 미션 투 가톨릭스에 관여하고 계신다. 비록 웹사이트는 2006년 이후로 업데이트가 되지 않고 있지만 말이다. 샌디에이고에 있는 커뮤니티 바이블 교회와 오스코스에 있는 월드우드 침례교회에는 아직 루스와 미션 투 가톨릭스를 선교 목록에 올려놓고 있다.

By Tomon April 6, 2014

■ 복음주의자로 회심한 전직 사제가 격정적으로 들려주는 이야기

바돌로매 브루어는 전직 가톨릭 사제로서 맨발의 수도회 소속 이었다. 그는 이후에 복음주의 그리스도인이 되었다.

그는 1986년에 쓴 이 책의 서문에서 이렇게 말한다. "나는 오년 동안 사제로 있었는데, 그 와중에 삶에 변화가 생겨났다. 나는 하나님과, 그리고 나 자신과 화평하지 못했던 것이다 … 나는 과거에 받아들였던 것들을 의심하기 시작했다. 그리고 나의 구원의 기초를 찾아 성경을 뒤졌다 … 점차 나는 분명하면서도 놀라운 사실을 받아들일 수밖에 없게 되었다. 즉 로마가톨릭교회가 가르치는 내용 중에 많은 것들

이 성경에 없다는 것 이었다 … 이로 인해, 나는 저주받은 자, 유다와 같은 자, 배신자, 도망자, 배교자가 되었다. 나의 죄는 무엇이었냐고? 감히 성경을 탐구했다는 것이었다. 그리고 그 결과로 천주교 교권에 의해 파문을 당하고 저주를 받아 지옥의 영원한 불에 떨어지고 만 것이다. 이것이 바로 로마의 복음이다. 하지만 이러한 유죄 선고는 사실이 아니다. 왜냐하면 나는 하나님과 반목하지 않기 때문이다. 내 마음과 영혼에는 놀라운 평화와 영광이 있다 ….”

By Steven H Propp TOP 500 REVIEWER on November 8, 2010

■ 평화주의에 입각한 증언

나는 바르트 브루어와 그의 아내를 알고 지낸 특권을 누린 사람이다. 그는 매우 친절하고 영혼 구원에 마음을 쓰는 분이었다. 이 책은 그를 로마 가톨릭 사제직에서 끌어내어 복음주의 신앙과 사역으로 인도하도록 영향을 끼친 경험들을 기술하고 있다. 특히 내가 감동을 받은 점이 있다. 바르트는 자신이 함께 공부했던 가톨릭 신학교 학생들, 또는 자신이 알고 지내던 사제들, 그리고 자신이 함께 자란 많은 로마 가톨릭 신자들의 진정성에 의문을 던진 것이 아니라는 사실이다. 그는 그저 성경이 영생에 이르는 길에 대해서 무어라고 말을 하는지를 보여줘야 한다는 마음의 짐을 담당했을 뿐이다.

By T. L. Joneson February 1, 2013

■ 글로 옮긴 진리

이 책은 로마 가톨릭 교회에서 어떤 일이 벌어지고 있는지에 관해 매력적인 견해를 보여준다. 로마 가톨릭 교회의 일원이었던 사람이 직접 기록한 내용으로서, 당신은 진리와 더불어 그가 하나님께 개인적으로 헌신하면서 발생했던 삶의 변화를 접하게 될 것이다.

By PATRICIAJACKSONROWLEY on January 7, 2014

목차

독자 리뷰 ································· 8
역자서문 ································· 12
추천사 ··································· 13
서문 ····································· 16

1. 사제를 꿈꾸다
어린 시절 ······························· 24
온실 ····································· 33
나는 바란다, 나는 할 수 있다, 나는 할 것이다 ······ 55

2. 신부(神父)수업
사느냐 죽느냐 ························· 74
로마의 신학 ···························· 84
서품을 받다 ···························· 97

3. 사역과 고뇌
독신과 고해성사 ······················ 106
필리핀으로 ···························· 117
진리를 향하여 난 창 ················· 135

4. 새로운 삶
   새로운 삶 ··· 160
   제 칠일 안식교와 엘렌 G. 화이트 부인 ······················· 176
   배우는 나날들 ··· 187
   은사주의와 교회 연합 운동 ·· 194
   천주교도를 향한 사명 ··· 206

부록 A. 천주교회가 숨기려는 역사 ······································· 216
부록 B. 로마 가톨릭의 거짓 교리 ··· 226
부록 C. 엘렌 G. 화이트와 제 칠일 안식교의 초기 ············ 238

후기 ·· 247

천주교 용어집 ··· 258

참고 문헌 ·· 267

역자서문

  종교개혁 500주년을 맞이하여 성대한 행사들이 열리고 방대한 서적들이 줄이어 출간되는 가운데, 어찌 보면 한 개인의 삶을 담은 이 책은 다소 소박한 감이 있습니다. 하지만 거대한 이야기 아래에는 언제나 그 이야기를 구축하는 수많은 작은 이야기가 흐르고 있는 법이지 않은가요. 종교개혁도 한 사람의 각성과 결단으로 시작된 것이고, 또한 그 흐름에 참여했던 이름 모를 수많은 이들의 삶이였음을 생각할 때, 브루어 목사님 역시 자신의 삶을 걸고 진리를 따르기로 결심한 우리 시대의 작은 종교개혁가가 아닐까 합니다. 브루어 목사님은 천주교와 안식일교의 미몽에서 벗어나 그리스도의 진리를 향해 무한히 도전하고 정진했던 순례의 길을 진솔하고 유쾌하게 소개합니다. 그리하여 우리 역시 그와 같은 작은 종교개혁가로서 오늘을 살라고 권하는 것입니다. 이 책을 통하여 저를 포함한 모든 이들이 각자의 순례의 길을 걸으며 기쁘게 그리스도를 따르는 종교개혁가로 살게 되기를 소망합니다.

  마지막으로 귀한 책을 소개해 주시고 옮길 수 있도록 도와주신 유선호 목사님께 깊은 감사를 드립니다.

추천사

이 책은 천주교 외부에서 천주교를 검토하고 분석한 책이 아닙니다. 이 책은 천주교 내부에서 자라서 수도원에 들어가서 신부가 된 사람이 자기가 경험한 천주교의 실체에 대해서 고백하는 내부자의 자기 고백입니다. 그러기에 천주교에 대해서 잘 모르는 기독교인이나, 천주교인 이기는 하지만 정작 천주교의 정체성이 무엇인지 잘 모르는 천주교인들이 한번쯤은 꼭 읽어봐야 할 책입니다.

뿐만 아니라, 저자는 독특한 여정을 겪게 되는데, 천주교에서 나온 후에 안식교에 들어가서 안식교인과 결혼까지 하지만, 결국은 안식교의 잘못을 깨닫고 거기서부터 나오게 되고, 다시 은사주의운동을 접하게 되었다가 은사주의의 오류를 깨닫게 되고, 또 그것을 떠나서 참된 복음으로의 순례의 길을 가는 진리의 순례 여정을 보여주고 있습니다.

대부분의 목회자와 신자들은 천주교가 우리 기독교와는 다르다는 것을 알고 있습니다. 그러나 구체적으로 무엇이 다른지는 잘 모르는 경우가 대부분입니다. 심지어 신학자들도 잘 모르고 신학생들을 오도하는 경우가 허다합니다.

이 책의 저자는 어려서부터 로마가톨릭 체제에서 자라서 수도원에 들어가서 수사가 되었으며, 사제(신부)가 되었던 전형적인 로마가톨릭교(천주교)의 사제였습니다. 하나님의 섭리 가운데 천주교가 성경에 없는 종교이며, 신부들은 그리스도 위에 군림하는 신성모독적인 존재인 것을 깨닫고 우여곡절 끝에 로마가톨릭체제에서 탈출하여서 복음적인 교회로 오게 된 과정을 솔직하게 고백하고 있습니다.

이 책에는 천주교와 기독교의 핵심적인 차이점 두 가지가 드러나 있는 데, 하나는 로마교회는 '사제주의적인 종교'라는 것이고, 또 하나는 '성경에 없는 종교'라는 것입니다. '사제주의'라는 것은 하나님과 인간 사이에 사제(제사장, priest)들이 중보자가 되어서 인간은 사제를 통해서만 하나님께 나아갈 수 있다는 사상입니다. 사제가 없이는 죄사함도 받을 수 없고, 은혜도 받을 수 없으며, 구원도 받을 수 없습니다. 인간은 오직 사제인 신부를 통해서만 하나님께 나아갈 수 있고, 구원받을 수 있는 종교가 천주교라는 것입니다. 또한 이 책의 저자가 천주교로부터 나오게 된 가장 큰 이유는 천주교는 성경에 없는 종교라는 것입니다. 천주교의 교리와 의식의 대부분이 성경에서 온 것이 아니라, 성전(聖傳, holy tradition)이라 불리는 전통에 기반을 두고 있는 비성경적인 종교라는 것입니다.

현대는 절대 진리를 부인하는 상대주의시대이고, 또한 참된 절대적 종교를 독선으로 매도하는 종교다원주의와 무종교가 편만한 시대이기는 하지만, 하나님이 남겨놓은 '바알에게 무릎 꿇지 않은 7000인들'은 지금도 참된 복음진리에 목말라하고 있기에, 이 책은 그분들의 갈증을 해갈하는 생수가 될 것입니다.

종교개혁 500주년을 기념하며 …

유선호 박사(『천주교도 기독교인가?』의 저자)

서문

누구에게나 제 나름의 짐이 있기 마련이지만, 한 때 사제로서 로마교회에 대해 이야기하고 글을 쓰는 나에게는 특히 그러할 것이다. 왜냐하면 로마교회는 수없이 많은 얼굴을 하고 있는 거대하고도 복잡한 기관이기 때문이다. 로마교회는 거의 모든 환경이나 조건에 적응할 수 있는 카멜레온과 같은 능력을 지니고 있기 때문에 한 나라에서는 이런 모습을 취하지만, 다른 지역에서는 전혀 다른 모습을 취하기도 한다. 로마교회는 선진국의 대통령과 귀족들로부터, 동남아시아의 나병원에 있는 가난한 수용자에 이르기까지 여러 지역의 다양한 사람들에게 모두 수월하게 순응한다.

수세기에 걸쳐, 참된 교회는 나라와 공동체와 개인에게 위안과 도움이 되어왔다. 왜냐하면 성경을 가르쳐 사람들에게 죄만 보여주는 것이 아니라 구원에 이르는 길 역시 보여줬기 때문이다. 성경은 경제, 사회, 심지어 정치 문제를 해결하는 데도 도움을 준다. 그런반면, 천주교회가 많은 나라들, 특히 라틴 아메리카 지역에 발생한 문제들의 주된 원인이라는 점은 매우 비극적이다. 로마교회는 뻔뻔스럽게도 가톨릭 국가들의 교육과 진보를 막아오고 있으며, 그들이 계몽되기 보다는 무지와 미신에 빠져있는 편을 선호한다. 그들의 눈이 진리에 열려 교회가 지니는 엄청난 권력과 부유함에 위협이 되지 않도록 만들기 위해서다.

천주교의 교리는 절대로 우리 주 예수 그리스도의 가르침이 아니다. 천주교는 이미 오래 전에 그리스도를 따르는 믿음에서 떨어져 나왔고, 계시된 하나님의 말씀의 진리보다도 거짓 교리와 이교도의 전통과 진리를 변질시키는 편을 선호한다. 바티칸도 이를 알고, 학자들도 이를 알며, 몇몇 사제들도 이를 안다. 하지만, 천주교회는 여전히 성경의 가르침에 순복하기보다는 전 세계를 속이는 편을 택할 것이다. 천주교회는 악한 자의 유혹에 굴복했다. 그리고 현혹하는 논리와 거짓 전통을 내세우며, 말씀에 그럴듯한 내용을 덧붙임으로써 "경건의 모양은 있으나 경건의 능력은 부인"(딤후 3:5)한다. 그 건물들은 부유하며, 그들의 예복은 화려하다. 이는 하나님의 아들과 얼마나 동떨어진 모습인가. 하나님의 아들은 "머리 둘 곳이"(마 8:20) 없었는데 말이다.

역사는 종교의 자유가 다른 모든 자유의 기초임을 가르친다. 우리의 시민권을 앗아가려는 자는 반드시 종교의 자유도 앗아간다. 또한 역사는 종교의 독재가 정치의 독재 못지않게 우리를 탄압한다는 사실을 입증한다. 중세 시대에는 로마교회가 지독하게도 군림하는 바람에 수없이 많은 이들이 자유와 재산을 박탈당했고, 또한 많은 이들이 단지 교회의 잘못된 관습에 반대했다는 이유로 죽음을 당했다. 당시 사람들은 정말 사소한 이유들로 출교를 당했는데, 출교자가 된다는 것은 가장 비참한 추방자로 낙인 찍히는 것과 마찬가지였다. 천주교회는 심지어 성경이 일상 언어로 번역되는 것을 막으려고 애를 쓰기까지 했다. 르네상스 초기에 성경은 비밀리에 인쇄되어 배포되었는데, 많은 이들이 성경을 읽고 인용했다는 이유로 순교를 당했다. 무신론자들보다 천주교 사제들이 불태운 성경이 더 많다.

나는 기꺼이 인정한다. 내가 신학교를 다니거나 젊은 사제였을 때 누가 이런 이야기를 해주었으면, 나는 격분하거나 달아나거나 귀를 막았을 것이다. 나는 그러한 비판들을 믿지 않았을 것이고, 오히려 마귀가 지어낸 것으로 여겼을 것이다. 나는 이 모든 것에 대해서 완전히 세뇌되어 있었던 것이다. 나는 눈이 멀어 폭군의 지배 아래 있었다. 하지만 하나님의 은혜로 내 눈은 열렸다.

어린이의 기본 성품은 열 살이면 이미 확립된다는 말이 있다. 부모님과 선생님들이 내게 말하는 모든 것을 전혀 의심하지 않던, 나의 행복한 어린 시절이 어찌나 생생하게 기억나는지. 내 유년시절은 감미로웠다. 나는 내가 사랑받고 있음을 잘 알고 있었다. 하지만 사랑하는 아버지가 일찍 돌아가시면서 내 행복도 꺾이고 말았다.

나는 16살 때 신학교에 들어갔고, 부지런히 노력했다. 그리고 십이 년 후에는 맨발의 가르멜 수도회(Discalced Carmelite Order)에서 서품을 받았다. 나는 그곳을 떠나며, 들은 대로 했다. 즉, 나의 소망은 그저 교회를 늘리는 것뿐이었다. 또한 천주교 사제로 살다 죽어, 어쩌면 성인이 되기를 바랐는지도 모른다.

나는 오 년 동안 사제로 있었는데, 그 와중에 삶에 변화가 생겨났다. 나는 하나님과, 그리고 나 자신과 화평하지 못했던 것이다. 그래서 나는 더 열심히 노력하며, 천주교에 대해서 어떤 의심도 품지 않으려 했다. 나는 성모님께도 도움을 구했지만, 평화는 없었다. 종종 나는 영혼의 우물이 메말랐고, 내 노력의 열매도 풀과 같이 느껴졌다. 그 이유를 알 수는 없었지만 나는 고해를 듣고, 보속을 하고, 미사를 올릴 때 견디기 힘든 느낌이 들었다. 때로는 내가 석고상, 기구들, 자동차, 배 같은 것을 축복하거나 아이 침대에 성수를 뿌릴 때면 이게 무슨 소용이 있기는 할까라는 생각을 했다.

나는 과거에 받아들였던 것들을 의심하기 시작했다. 그리고 나의 구원의 기초를 찾아 성경을 뒤졌다. 하지만 나는 이렇게 하는 것조차도 죄책감을 느꼈다. 왜냐하면 나는 교회가 이러한 성경 공부조차 반대한다는 사실을 너무나도 잘 알고 있었기 때문이었다. 사제들조차도 로마와 어긋나는 개별적인 성경 해석을 할 수 없는 것이다.

내가 믿었고 가르쳤던 많은 것들에 대해 성경의 근거를 찾을 수 없었고, 엄청난 슬픔이 몰려왔다! 점차 나는 분명하면서도 놀라운 사실을 받아들일 수밖에 없게 되었다. 즉 로마 가톨릭교회가 가르치는 내용 중에 많은 것들이 성경에 없다는 것이었다. 몇몇 가르침은 순전히 발명품에 불과했고, 또 어떤 가르침은 그리스도의 가르침을 변질시킨 것이었다. 나는 나의 구원의 반석이 베드로도, 교회도, 저명한 신부들이 아니라, 사도 바울의 말씀처럼 "그 반석은 곧 그리스도시라"(고전 10:4)는 사실을 보게 되었다. 나는 갈급한 심령들에게 강요된 오류들, 그리고 그들을 타락시키고 미혹시키는 것들을 보았다. 하지만 나는 오류로 가득한 천주교의 속임수 대신에 예수님을 발견했다. 이분이야말로 바로 "내가 곧 길이요 진리요 생명이니 나로 말미암지 않고는 아버지께로 올 자가 없느니라"(요 14:6)고 선포하신 그 분이셨다.

이로 인해, 나는 저주받은 자, 유다와 같은 자, 배신자, 도망자, 배교자가 되었다. 나의 죄는 무엇이었냐고? 감히 성경을 탐구했다는 것이었다. 그리고 그 결과로 천주교 교권에 의해 파문을 당하고 저주를 받아 지옥의 영원한 불에 떨어지고 만 것이다.

이것이 바로 로마의 복음이다.

하지만 이러한 유죄 선고는 사실이 아니다. 왜냐하면 나는 하나님과 반목하지 않기 때문이다. 내 마음과 영혼에는 놀라운 평화와 영광이 있다. 왜냐하면 나는 갈보리에서 나를 위해 흘리신 예수님의 피로 구속받았기 때문이다. 나는 세상을 너무나 사랑하셔서 자신의 독생자이신 예수를 보내서 십자가에 죽게 하시고, 우리를 의롭다 하시기 위해 무덤에서 다시 살리신 그 분의 종이다. 나는 영원히 어떠한 중개자도 거치지 않고, 직접 은혜의 보좌로 나아갈 수 있다. 나는 동정녀 마리아, 성인들, 교황들 또는 사제들의 중재를 필요로하지 않는다. 나는 예수님만을 통해 영혼의 구원을 얻는다! 나는 자유롭게 되었다!

이제 하나님의 사랑의 자비와 용서의 은혜를 경험하면서, 나는 반드시 좋은 소식을 나눠야만 한다. 나는 예수 그리스도와 그리스도가 십자가에 못 박히신 것 말고는 아무것도 알려 하지 않기로 작정했다.

이것이 나의 간증이다.

PILGRIMAGE
FROM ROME

마침내 찾은 진리

1

사제를 꿈꾸다

어린 시절

온실

"나는 바란다, 나는 할 수 있다, 나는 할 것이다"

어린 시절

내가 여섯 살이나 일곱 살쯤되었을 때, 어머니는 특별한 경험을 하셨다. 이 경험은 어머니에게 많은 의미가 있었는데, 이는 로마 가톨릭교도에게 전형적인 경험이기도 했다. 즉, 어머니는 빨랫줄에서 빨래를 한 보따리 가져다가 위층으로 올라가는 중에 영적인 임재를 느끼셨던 것이다. 어머니는 마치 누군가 자신에게 말을 하는 것처럼 분명하게 이야기하는 소리를 들으셨다. "내가 너의 도움이라." 어머니는 충격에 빠져서 자리에 멈춰 답하셨다. "하지만 주님, 제 남편이 저의 도움입니다." 그러자 곧 답변이 들려왔다. "아니다. 내가 너의 도움이다. 네게 무엇이 필요 하든지, 다른 이에게 구하지 말고 나에게 구하라."

어머니는 이 이야기를 우리에게 줄곧 들려주셨다. 어머니는 정말로 그 음성이 귀에 들리는 말씀은 아니었지만, 이것이 우리 가족에게 가르침을 주는 진정한 경험이라고 확신하셨다. 이 일이 있은 지 이틀 후, 아버지는 심각한 심장마비가 왔다. 의사는 아버지가 앞으로 일 년만 살 수 있다고 했다.

이 비극적인 소식을 들으면서도 어머니는 엄청나게 침착하셨는데, 그 모습이 놀라울 정도였다. 어머니는 하나님이 이 위기에 대처하도록 자신을 준비시키셨다고 느꼈다. 어머니가 다음 말씀을 암송하시는 소리를 얼마나 많이 들었는지. "그러므로 내일 일을 위하여 염려하지 말라 내일 일은 내일이 염려할 것이요 한 날의 괴로움은 그 날로 족하니라"(마 6:34).

우리는 주치의의 권고에 따라 남부 뉴저지 해변 휴양지에 위치한 스톤 하버로 이사했다. 우리 집은 창문이 많아, 한편으로는 바다가 펼쳐지는 멋진 풍경이 보이고 다른 한 편으로는 만이 보이는 큰 현관이 난 집이었다. 우리는 그 마을의 북단에 살았는데, 교구 부속학교는 마을 남쪽에 있었다. 따라서 겨울이면 사촌인 톰과 나는 골목에 바로 있는 공립학교에 가지 않고 학교를 빼먹었다. 삶은 천천히 흘러갔고, 어머니 아버지와 함께 낚시를 하거나 조개를 잡는 일로 느긋하게 시간을 보냈다. 우리가 먹는 것은 대부분 바다에서 왔었다.

한 번은 하루 종일 낚시를 했는데 아무 것도 잡지 못했다. 걸어서 집에 가는데 한 친구가 소리를 지르는 것이었다. "너희 바닷가에 있었어?" 우리는 소리쳤다. "아니! 우리는 만에서 물고기를 잡았는데 허탕쳤어." 친구는 해변에 대구 떼가 떠내려 왔고 아직도 살아있다는 것이었다! 그 결과 우리는 일주일 내내 먹을 물고기를 얻을 수 있었다.

하나님은 그 암울한 때에 언제나 우리의 필요를 채워주셨다. 우리 부모님은 하나님의 위대하신 공급과 보호하심에 언제나 감사를 드렸다. 나는 어렸지만 점차 하나님의 자비와 선하심을 깨달아갔다. 봄에는 해안이나 만에 파도가 물러가면서 생겨난 웅덩이에서 놀며, 모든 것이 하나님의 작품임을 찬양하고 모든 생명에 대해 깊은 경외감을 품게 되었다.

어느 날 아침, 나는 우리 가족 보트에 올라 만을 향해 나가보기로 했다. 아무런 문제가 되지 않을 일 같았다. 하지만 해안에서 얼마 나아가지 못해 나는 급류에 휩쓸리고 말았다. 해안으로 돌아가려고 애썼지만, 해류가 점차 강해지고 빨라지더니 배는 만을 한참이나 지나 도개교를 넘어 망망대해로 향하고 말았다. 나는 열심히 노를 저으며, 하나님이 브루어 가족에게 언제나 베푸시는 도움과 보호하심을 달라고 기도했다. 내 상황은 점차 위험해져 갔고, 시간이 지날수록 파도가 높아지며 배 위를 덮쳤다. 간신히 도개교에 가까워졌는데 바다에 큰 놀이 일더니 배를 좌우로 뒤흔들었다. 아무도 보이지 않았고, 도개교가 텅 비어 있었지만 나는 계속 도움을 청했다. 마지막 순간, 해안에 있던 한 남자가 내 작은 배가 바다를 향해 빠르게 까닥거리며 나아가는 모습을 봤다. 그는 미친 듯이 해안에서 배를 찾더니 뱃줄을 풀고 나를 구하러 왔다. 후에 보니 그분은 내가 너무 멀리 있어서 배가 맞는지도 확신할 수 없었다고 했다. 아마 조금만 더 멀리 나갔다면 거대한 대서양이 나를 삼켰을 것이다. 하나님이 용감하고 숭고한 사람을 보내셔서 나를 구하신 것이었다. 나는 하나님이 내 생명을 구원하신 특별한 목적이 있으시리라는 느낌을 떨쳐버릴 수 없었다.

아버지의 병세는 호전되기는커녕 더욱 악화되었다. 염도가 강한 공기가 맞지 않았던 것이었다. 의사는 우리에게 바닷가에서 멀리 이사를 가라고 말했다. 당시 우리 집의 수입은 매우 열악했기 때문에 마땅한 집을 찾는 일이 어머니에게는 아주 큰 걱정거리였다. 의사 선생님이 우리에게 이사를 가라고 한지 며칠 지나지 않아서 어머니는 꿈을 꿨는데, 꿈에서 집을 보셨다고 하셨다. 가족과 알고 지내던 어느 분이 집을 찾는 것을 도와줬는데, 어머니는 그 분이 꿈과 관련이 있다고 믿으셨다. 그분은 어머니에게 뉴저지 매그놀리아에 우리에게 걸맞는 집이 있음을 들었다며 우리를 데려가 그 집을 보여줬다. 우리가 집 앞에 내리자마자 어머니는 그 집이 꿈에서 본 바로 그 집이라고 소리를 지르셨다. 우리가 얼마나 감사했는지! 우리는 하나님의 손 안에서 안전함을 느꼈다.

내 동생 폴이 이 집으로 이사한 그 해 12월에 태어났다. 어째서인지는 모르지만 성탄절 한 주 전에 동생이 태어난 것이 매우 특별한 성탄 선물 같았다. 동생 때문에 우리 가족에게는 예수님의 탄생이 더욱 실제적이고 의미 있게 다가왔다.

아버지는 이번이 자신의 마지막 성탄절이라는 사실을 알고 계셨던 것 같다. 아버지는 온 힘을 다해서 우리에게 그 날을 기억에 남도록 만들어 주시기 위해 할 수 있는 것을 다 하셨다. 집 안에는 북부 뉴저지에서 구해온 커다란 나무를 세워 놓으셨는데, 그 나무 아래에는 많은 선물이 놓여있었다. 특히 아버지가 나와 우리 집에서 함께 살던 사촌 동생 톰을 위해 열심히 만드신 장난감들이 많이 있었다. 우리가 그 나무 장난감들을 바닥에 던지며 놀자 아버지는 아프신데도 불구하고 웃으시면서 가지고 노는 방법을 가르쳐주셨다. 그날은 우리에게 잊을 수 없는 날이 되었다. 심지어 우리가 기르던 보스턴 테리어 루비도 선물을 몇 개나 받았다. 하지만 선물 중에서 가장 좋은 선물은 역시 금발 머리에, 푸른 눈을 가진 흰 피부의 내 동생이었다. 아버지의 병세는 급격히 악화되더니 불과 몇 달 후에 돌아가셨다. 어머니는 하나님이 아버지가 죽을 것을 아시고 폴을 우리에게 선물로 주셨다고 말씀하셨다. 아버지는 서른여덟 살이셨고, 어머니에게 마지막으로 남기신 말씀은, "캐서린, 애들에게 절대로 싸우지 말고 담배는 피지 말라고 해줘"였다.

이제 아버지가 돌아가시자, 톰과 나는 어머니를 도와야 한다는 책임감을 느꼈다. 어머니는 우리도 아버지를 위해 기도하라고 하셨고, 우리는 그렇게 했다. 어쩌면 아버지가 연옥에서 고통을 당할 수도 있기 때문이었다. 아버지는 우리에게 정말 잘해 주셨다. 성품도 온화하셨으며 어머니를 사랑하셨기 때문에 우리는 아버지가 고통스러운 형벌을 받는다는 것을 믿기 어려웠다. 매일 우리는 하늘을 향해 키스를 보냈다. 나는 아버지가 우리를 기다리고 계시다고 분명히 믿었다.

아버지가 돌아가시자, 방이 세 개인 집은 필요 없었기 때문에 우리는 매그놀리아에 있는 훨씬 작은 집을 구해 이사갔다. 이웃에는 개신교도들이 살고 있었는데, 매우 호전적이어서 우리 집에 돌을 던지고, 톰과 나를 괴롭히고, 우리를 "캣릭(cat-lick, 천주교도들을 부르는 속어)"이라고 불렀다. 그들이 우리를 왜 싫어하는지 이해할 수 없었다. 어머니 역시 이웃에서 친구를 사귈 수 없었기 때문에 우리는 다시 이사를 했다. 이번에는 멀지 않은 곳인 소머데일 이라는 곳이었다. 새로운 이웃들이 아일랜드인과 이탈리아인 천주교도들이라는 사실은 매우 위안이 되었다. 게다가 우리 집이 몇 년 전에 버려진 개신교회를 리모델링한 건물이었다는 점은 어떤 면에서 굉장히 역설적이었다. 당시 집세는 한 달에 고작 삼 달러였다.

소머데일에 있는 성당은 선교사 양성소였고 일요일에만 미사가 있었다. 가장 가까운 천주교 학교인 세인트 로렌스는 로렐 스프링스에 있었다. 폴은 아직 학교 갈 나이가 되지 않았고, 톰과 나는 근처에 있는 공립학교에 가는 대신 6km 떨어져 있는 천주교 학교에 가기로 결정했다. 그래서 눈이 많이 쌓이면 학교 버스가 나타나지 않을 때도 있었는데, 그러면 집에 공부할 거리를 가져가서 어떻게든 수업을 따라갔다.

도미니크 수도회 수녀님들이 나에게 성체, 즉 미사에 사용하는 빵(성체)*을 날마다 방문하는 습관을 기르도록 가르쳐주신 곳이 바로 이 세인트 로렌스였다. 점심시간 동안 나는 제단 앞에 무릎을 꿇고 성전 안에서 예수님께 기도했다. 나는 그리스도와 신비한 연합을 느꼈고, 개인적으로 그리스도와 동화되는 느낌이었다. 이렇게 나에게 그리스도는 더욱 더 실제가 되었고, 후에 내가 신학생이 되었을 때도 성체는 내게 큰 의미로 다가왔다. 나는 다음 성가를 반복해서 읊었다. "밀떡 형상 그 안에 감추어 계신 천주성자예수 흠숭합니다 …"(Adoro te devote, latens Deitas, Quae sub his figuris vere latitas …)[1]

우리는 소머데일에 있는 학교와 로렐 스프링스에 있는 교회에서 친구들을 많이 사귀었다. 세인트 로렌스를 운영하는 도미니크 수도회 수녀님들은 특히 우리 가족에게 잘해 주셨다. 그래서 종종 우리를 위해 작은 옷가지를 만들어 주시거나, 휴일에는 오트밀 쿠키를 구워주셨다. 우리는 아일랜드 및 이탈리아 친구들을 떠나는 것이 너무 싫었지만 다시 이사를 해야 했다. 이번에는 의사인 이모 메리 곁에 가기 위해 필라델피아로 갔는데, 이모는 우리에게 정말 큰 도움이 되어 주셨다.

우리는 도미니크 수도회 수녀원 바로 옆인, 그린 스트리트 1806으로 이사를 갔다. 오래지 않아 어머니와 수녀님들은 친밀

---

1. Joseph Connelly, ed., Hymns of the Romanm Liturgy (Westminster, MD: Newman, 1957), p. 128.
* 천주교는 화체설을 믿기 때문에 빵이 예수님의 몸이라고 생각하여 방문하여 절하고 기도한다. 이것은 성체근배라고 한다. - 역자 註

한 관계가 되었다. 수녀님들은 어머니의 헌신에 깊이 감동을 받았다. 매일 미사에 참여하고, 주마다 참회를 하고, 날마다 묵주기도를 드리고, 모든 천주교 사제들을 공경하는 어머니를 수녀님들은 관심을 보이고 귀히 여기셨다.

솔직히 나는 사제가 될 생각이 전혀 없었다. 하지만 보이스 타운(Boys' Town)과 같이 사제에 대한 영화를 몇 편 보고 난 후에는, 하나님과 사람을 이렇게 섬길 수 있다면 얼마나 좋을까 혼자 생각하곤 했다. 학교, 교회, 집에서 우리는 사제직의 영광과 더불어 주님을 위해 사제들이 살아간 영웅적인 삶에 대해서 들었다. 로마 가톨릭의 사제직은 모든 소명 중에서도 가장 바람직하고, 명예롭고, 존경받는 일로 묘사되었다. 하지만, 그러한 소명은 나와는 거리가 먼 것처럼 보였다. 왜냐하면 나는 내 자신이 그런 명예를 누리기에는 너무나 평범하다고 느꼈기 때문이다. 사제직에 대해서 생각하면 할수록, 나는 그런 생각이 오만하고 주제 넘는 느낌이 들어 그런 생각을 떨쳐내려고 더욱 애를 썼다.

하지만 옆집에 사는 수녀님들은 나를 눈여겨보고 계셨다. 수녀님들은 어머니에게 내가 사제가 되기를 기도하고 있다고 말씀하셨다. 그리고 수녀님들은 내게 사제직에 부르심을 받은 자들을 위한 특별 기도가 담겨 있는 성본(holy card)을 자주 주셨다. 때로 수녀님들은 내가 사제처럼 보이고, 사제처럼 걷고, 사제처럼 이야기 한다고 말씀하시며 넌지시 속내를 드러내곤 하셨다. 캐서린 수녀님은 어머니와 특히 친하셨는데, 종종 하나님이 나를 사제가 되도록 부르신다고 얘기하셨다. 그리고 아직 다섯 살 밖에 안 된 폴에게도 똑같이 하셨다. 몇몇 수녀님들은 "폴 신부님, 폴 신부님! 제가 고해성사를 해도 될까요?"라고 묻기도 하셨다.

그러던 와중에 한 가지 일이 발생했다. 우리가 가장 좋아하던 수녀님이자 가장 예뻤던 수녀님의 동생인 에드워드가 우리 성당을 방문한 것이다. 에드워드는 위스콘신의 하트포드 근교에 있는 홀리 힐의 맨발의 가르멜 수도회 신학교 학생이었는데, 학업을 잠시 쉬고 있었다. 몇몇 수녀님들이 나에게 그 신학생을 만나보라고 권하셨고, 그도 나를 만나고 싶어 했다. 그는 신학교의 삶이 얼마나 영광스러운지, 그리고 가르멜 수도회의 걸출한 인물들의 역사에 대해서 이야기해주었다. 짧은 시간이었지만 나는 이 이야기를 들으며 소름이 돋았다. "9월에 나와 함께 홀리 힐에 가보지 않겠니? 너도 사제가 될 수 있단다!" 며칠 후에 나는 어머니에게 하나님께서 내가 사제, 즉 사람들 사이에 그리스도가 세우신 그의 또 다른 자아가 되기를 원하신다고 말했다.

그때가 6월이었다. 나는 두려움과 떨림으로 신학교 입학 원서를 냈다. 나는 신학교 총장님께 승인을 받았고, 그 영광과 경이로움은 엄청난 것이었다. 어머니는 아껴 두신 마지막 몇 달러를 털어 내 첫 정장과 함께 위스콘신의 긴 겨울을 지낼 수 있을 옷을 사주셨다. 세인츠 피터 대성당의 친구들과 폴, 그리고 디바인 러

브 채플의 친구들, 또한 우리 집 옆에 있는 수녀원의 친구들이 후하게 우리 가족을 도와주셔서 신학교에 갈 준비를 할 수 있었다. 휴버트 카트라이트 몬시뇰은 특별히 나에게 도움을 많이 주시고 격려해 주셨다. 그리고 일상생활에 필요한 것들을 채워주실 것이라고 약속하셨다. 9월 초, 에드워드와 나는 북 필라델피아에서 홀리 힐로 향하는 기차를 타고 떠났다.

   내 삶은 완전히 달라졌다.

온실

   홀리 힐에 내리자 숨이 멎을 정도로 아름다운 전경이 펼쳐졌다. 이곳은 미국이 사랑하는 순례의 장소로서 매년 수천 명이 마리아에게 경의를 표하기 위해 찾는 성지였는데, 그 이름도 '마리아 그리스도인의 도움(Mary, Help of Christians)'이었다. 백년도 더 전에 거친 바이에른의 가르멜 수도회 수도자들이 고향의 안전함을 떠나 사색의 피난처를 찾아 이 그림처럼 아름다운 곳으로 향한 것이다.

   내 집이 될 곳을 처음에 봤을 때, 등을 따라 한기가 올라왔다.

다채롭게 아우러진 가을색은 이 시골지역에 불을 지른 듯 했다. 나는 이런 광경을 본 적이 없었다. 기차가 잘 알려진 전망지에서 섰을 때는 흥분이 되어 심장이 뛰었다. 볼에 홍조를 띤 일곱 명의 신학생들이 나에게 위스콘신의 푸르고 청명한 하늘을 찌르고 있는 두 개의 유명한 교회 첨탑을 가리켰다. 저 멀리 지평선에 유럽의 전통적인 웅장함을 뽐내는 인상적인 건물이 서 있었다. 내가 그 풍경에 감탄하고 있을 때, 갑자기 마음에 하나님께서 나에게 인내라는 선물을 주실 것이라는 확신이 들었다. 즉, 내가 수도원에 들어가기 전 4년 과정을 다 마칠 수 있으리라는 생각이 들었던 것이다.

나는 스스로에게 물었다. "내가 못할 이유가 뭐야?" 그린 스트리트에 있는 도미니크 수도회의 수녀님들이 나를 위해 기도하고 계셨다. 22번지 거리에 있는 집의 분홍 수녀님(Pink sisters, 성령의 여종 지속 성체조배의 수녀회의 별칭)들도 그러하셨다. 로렐 스프링스에 있는 세인트 로렌스에 있는 수녀님들과 세인츠 피터 대성당에 계신 수녀님 및 폴도 어린 '프레디(남자이름 Frederick의 애칭)'를 위해 기도하고 있었다. 그리고 우리 담임 사제이신 카트라이트 몬시뇰의 격려 말씀도 있었다. 이보다 더한 것은 바로 우리 어머니의 사랑과 헌신과 기도와 희생이었다. 어머니는 내가 집을 떠나는 것이 자신의 희생이라고 말씀하신 적이 한 번도 없으셨지만, 나는 그 사실을 알고 있었다. 두 아들 중에 큰 아들로서 누구라도 내가 가족을 부양하는 특별한 책임을 져야 한다고 생각했을 것이다.

기차가 하트포드 역에 도착했고, 플랫폼에는 한 자그마한 남자분이 푸근하게 웃으시는 모습이 보였다. 그 분은 루이스 클라크 신부님으로서 신학교 학장님이셨는데, 가르멜 수도회의 규칙을 따라 갈색 성의와 샌들을 신고 계셨다. 아마 나는 어린 마음에 그분과 같은 성의를 입게 될 날을 굉장히 고대했었던 것 같다.

오래된 1941 포드 픽업트럭에 가방들을 쌓고, 깡마른 우리는 그 옆에 있는 차에 빼곡하게 탔다. 그리고 드디어 내렸다.

나에게 신학교를 처음 권했던 에드가 이곳이 무척이나 아름다운 곳이라고 이야기를 해준 적이 있긴 있었다. 하지만 나는 이렇게 아름다우리라고는 상상조차 하지 못했다. 나무로 둘러싸인 환경 속에 벽돌로 쌓은 엄청나게 큰 수도원, 신학교, 손님들 숙소, 기념품 가게, 먹을거리를 파는 매점, 오를 때 꽤나 힘이 들 것 같은 구불구불한 길도 있었다. 그 길은 실물 크기로 십자가의 길을 옮겨 놓은 것으로서, 우아하게 굽이져 있었다. 모든 것이 엄청나고 인상적인 그 언덕 꼭대기에서, 나는 축소 모형과 같이 보이는 바깥의 먼 세계와 격리된 것처럼 느껴졌다.

'신학교'란 '모판'을 의미하는 라틴어 단어 seminarium에서 온 것이다. 사제직을 지원하는 자들은 그 마음이 다른 경험들과 가르침으로 새겨지기 전인 '유년 시절'부터 세상과 격리된다. 사제들로 둘러싸인 통제된 환경에서 마음을 산만하게 하는 바깥 세계의 영향력으로부터 단절되어, 사제직의 소명의식만을 고취 받는 것이었다. 이는 '온실'이었지만 조화, 훈련, 존경, 헌신으로 가득한 곳이었다.

보통 하루는 길고도 분주했다. 해가 뜰 때부터 해가 질 때까지 종소리에 따라 삶이 진행되었다. 모든 사람은 나무로 된 딱따기 소리에 맞춰 새벽 5시 30분에 일어났다. 예배당에 가기 전까지 삼십 분간 정비할 시간이 있었고, 예배당에서는 미사를 위해 카속(cassock)을 입어야 했다. 대부분의 로마가톨릭 교도들처럼 나는 미사의 참된 교리나 신학을 이해하지 못했지만, 그것을 사랑했다. 나는 매일 미사에 참석하고, 복사로 참여하고 싶어서 안달이 나 있었다. 나는 하나님의 최고의 신학생이 되고 싶다는 열정과 갈망으로 가득 차 있었다. 그리고 나는 대부분 순종을 위해 기도했던 것으로 기억한다. 나는 순종하기만 하면 사제가 될 수 있다고 생각했다.

나는 아침을 먹으러 오라는 소리에 응답하는 일에는 아무 문제가 없었다. 우리 젊은 친구들은 엄청난 열정을 다해 아침을 먹었다. 우리는 하루의 대부분을 라틴어 및 기타 과목을 익히기 위해 교실에서 보내야 한다는 사실을 알고 있었기 때문이었다. 나는 올 A 학생과는 거리가 멀었다. 하지만 나는 행실과 개인 적용 과목에서는 자랑스럽게도 항상 A를 받았다.

늦은 아침, 십대인 우리가 배가 고파 쓰러질 지경이 되면 그때가 바로 카페테리아와 유사한 수도원 구내식당으로 이동할 시간이었다. 계속해서 이어진 벤치가 실내의 세 벽면을 두르고 있었고, 우리는 서열에 맞춰 그 중 두 면에 앉았다. 상석에는 학장 신부님과 때로 방문하시는 신부님들이 앉으셨다. 그 반대편 끝에는 성서대가 있어서 밥을 먹는 내내 책을 읽어 주었는데, 보통은 『최고의 이야기』(The Greatest Story Ever Told) 또는 『벤허』였다. 이 시간은 내가 가장 두려워하는 시간이기도 했다. 읽는 사람이 실수를 할 때면 학장신부님이 칼로 컵을 두드려 신호를 보내셨기 때문이었다. 내가 읽는 사람이 되면 나는 부끄러움에 얼굴이 붉어져 실수를 범하기도 했지만, 그분은 인내심이 많고 온화하셨다. 분명히 이곳에는 보통 학교의 특징인 서로 부딪히는 소리가 없었다. 오히려 이곳은 신학교를 매우 진지하게 대하는 아이들의 무리였다.

수업은 3시면 끝났다. 그러면 각기 긴장을 풀고 공놀이 또는 다른 운동을 하면서 휴식을 취했다. 그리고 나서 잠자리에 들기까지는 자율학습, 공동 기도, 저녁식사, 쉬는 시간, 저녁 기도가 이어졌다. 기상하거나 잠자리에 들기 전, 나는 언제나 침대에서 입고 있던 가르멜의 갈색 성의에 입을 맞췄다. 우리 모두는 잠자리에서도 이 옷을 입었는데, 그렇게 해서 오백일간 대사(면죄부)를 받고, 성모 마리아가 성인 시몬 스탁에게 하신 약속 즉 "이 습관을 행하며 죽은 이는 구원을 받으리라"는 약속을 받기 위함이었다.

하지만, 이 신학교의 학생들은 감옥이나 군대를 피해, 또는 어머니의 성화에 못 이겨 이곳에 온 아이들은 아니었다. 그들은 부적응자거나 반항자도 아니었다. 절대로 그렇지 않다! 오히려 그 정반대였다. 그들은 하나님과 교회와 사람들을 섬기기 위해 미국의 크고 작은 도시와 농촌에서 올라온, 눈이 빛나는 이상적인 소년들이었다. 나는 자기 뜻에 반하여 그곳에 있던 사람을 하나도 알지 못했다. 신학교에 들어가는 것이 '사회적 자살'을 뜻하는 것은 아니었다. 비록 신학교는 인격 개발을 억누르고, 비성숙성을 양성하고, 심지어 성적 정체성에 문제를 초래하기도 했지만, 이런 일들은 우리 중 그 누구에게도 위협이 되는 것 같지는 않았다. 적어도 내가 알기로는 그랬다. 어린 소년 소녀들은 삶의 초반에 소집되었기 때문에 열정과 이상주의가 강력했다. 그럼에도 불구하고 우리는 우리가 신학교에 입학 한 일이 무엇인지에 대해서 무지하지는 않았다. 그렇다고 우리의 동기가 아무 도전도 받지 않은 것은 아니었다. 아무도 독신 상태가 자연에 반한다고 말하는 것을 회피하지 않았다. 또한 우리는 종종 죄악 된 사제들에게 내릴 징벌에 대해서도 들었다. 우리의 관심을 빼앗는 것들은 거의 없었고, 교회라는 세상은 우리에게 전부였다. 우리는 엄격한 규율에도 불평하거나 울지 않았으며, 우리가 특별히 희생한다고도 생각하지 않았다. 우리 여정의 마지막에는 상이 있을 것이었다. 즉 하나님의 사제로 임명되는 것이다. 그리고 나는 어떤 면에서는 상급으로 보상이 될 이 규율과 평온함을 환영했다.

아퀴테인의 프로스퍼(St. Prosper of Aquitain)는 사제를 '왕실의 분배자'라고 했다. 우리는 하나님이 수백만의 젊은이 중에 선택하신 사역자로서, 제사를 통해 하나님께 하나님의 아들을 드리는 특권을 받는 것이라고 배웠다! 우리는 존 A. 오브라이언의 『억만인의 신앙』(The Faith of Millions)과 같은 책들을 읽었는데, 이 사람은 사제들이 그리스도를 하늘에서 데려와서 사람의 죄를 대신하는 희생물로 드리는 것이라고 설명했다. 당시 나에게는 전능하신 하나님보다도 사제를 위에 두는 이러한 가르침에 담긴 끔찍한 오만함조차 잘못된 것으로 보이지 않았다. 내가 보기에는 이러한 가르침들이 사제의 지위를 높여서 미사의 어느 순간에는 하나님의 순종까지도 명하는 것이다. 우리는 하나님이 사제들에게 예수 그리스도의 몸을 다스리는 능력을 주셨다고 배우면서 이 땅의 모든 일반인들보다 우월하고 자랑스러운 느낌을 받았다. 우리는 하나님이 사제의 손에 낙원에 이르는 열쇠를 주셨다고 들었다. 하나님은 이 땅의 모든 왕들 위에, 그리고 천국의 모든 천사들 위에 사제들을 높이셨다. 우리는 사제가 이 땅에서 하나님의 사역을 수행할 때는 하나님 자신과 같다고 배웠다. 나는 이러한 가르침이 사제들로 하여금 교회의 상급자에게 순종하는 것 이외에는 자신이 전능하다고 느끼게 만든다는 사실을 깨달았다. 한 천주교 서적은 이렇게 말한다. "내가 한 사제와 한 천사를 만나게 된다면, 천사에게 인사하기 전에 사제에게 인사를 하겠다. 사제는 하나님의 지위를 누린다."[2]

당시 우리는 미숙하고 열정에 사로잡혔기 때문에 그 무엇에도 의문을 품지 않았다. 우리는 감히 그렇게 할 수 없었다! 교회의 교리와 상급자에 대한 순종은 우리 젊은 마음과 영혼의 가장 깊은 곳에서 나온 것이었다. 교회에 의문을 제기하는 것은 하나님께 의문을 제기하는 것이었다. 이는 도저히 생각할 수도 없는 일이었다. 게다가, 의문을 제기하거나 의심을 표출하는 사람은 절대로 서품을 받을 수 없었다. 따라서, 우리가 서품을 향해 영적인 황무지를 지나갈 때, 거짓된 교리와 옛 전통이라는 강력한 모래가 우리를 눈멀게 했던 것이다.

성경의 말씀은 전혀 중요하지 않았다. "그가 죽으심은 죄에 대하여 단번에 죽으심이요 그가 살아 계심은 하나님께 대하여 살아 계심이니"(롬 6:10). 또 예수님이 "모든 일이 이미 이루어진 줄 아시고 … 다 이루었다 하시고"(요 19:28, 30)라는 말씀도, 또한 히브리서 기자가 "제사장마다 매일 서서 섬기며 자주 같은 제사를 드리되 이 제사는 언제나 죄를 없게 하지 못하거니와 오직

---

2. Loraine Boettner, *Roman Catholicism* (Philadelphia: Presbyterian and Reformed, 1962), p. 51. (역자주 : 「로마카톨릭 사상평가」란 제목으로 CLC출판사에서 번역함.)

그리스도는 죄를 위하여 한 영원한 제사를 드리시고 하나님 우편에 앉으사"(10:11, 12)라고 한 말씀도 중요하지 않았다.

내가 예수님이 십자가에서 죽으심으로 구속의 사역을 완수하셨다는 사실을 알게 된 것은 훨씬 이후의 일이었다. 예수님은 대속의 죽음으로서 그 간극을 메우시고, 자신을 믿고 영접하는 모든 자에게 용서라는 분명한 권리 증서를 주셨고, 무덤에서 일어나셔서 우리를 영원히 값없이 의롭다 하셨다. 그렇다면 어떻게 그 누가 미사를 드릴 때 그리스도가 다시 희생 제물로 드려진다고 주장할 수 있겠는가? 이는 성경을 혼탁하게 하는 일로서, 경멸하고 혐오해야 할 주장이다. 그 목적은 매우 분명하다. 즉, 교회와 사제에게 교회에 속한 자들에 대한 어마어마한 권리를 주기 위함이었다.

우리는 로마가톨릭의 성직제도가 성경에 어긋난다는 사실에 대해서 조금도 알 수 없었다. 왜냐하면 교회의 교리와, 교부들 및 교황들의 저작은 성경보다 우월하기 때문이었다. 우리는 이러한 가르침에 담긴 놀라울 정도로 미묘한 오류들을 볼 수 없었다. 왜냐하면 그들은 수백만의 신실한 천주교도들을 속박하고 있기 때문이었다. 천주교도들은 자신들의 머리에 하나님의 분노라는 복수의 검이 내릴까봐 언제나 두려워했다. 이렇게 하여 순종은 가장 중요한 것이 되었다. 죄를 범하거나 실수를 한 신실한 천주교도는 용서를 구하며 사제를 바라봐야 한다. 이렇기 때문에 참회하는 천주교도들에게 교회와 사제의 능력이란 상상을 초월하는 것이다. 그리고 이는 죽어서도 끝나지 않는다. 천주교도들은 자신들이 연옥의 고통에서 구함을 받기 위해서는 사제들에게 간청하거나, 성모 마리아와 성인들의 도움을 구해야만 한다고 교육을 받는다.

그렇지 않다. 하지만 나는 당시 지시받은 내용이나 배운 내용에 대해서 아무 것도 의심하지 않았다.

나는 신학교에 들어갔을 때, 그곳에 영원히 있는 것이 당연하다고 여겨졌다. 신학생이 되는 것이나 후에 사제가 되는 것이 쉬우리라고 생각하지는 않았지만, 누가 신학교를 그만두리라는 생각은 전혀 하지 못했다. 하지만 그리 오래지 않아 내가 얼마나 잘못 생각했는지를 깨닫게 되었다. 오랜 기간에 걸친 신학교 및 수도원의 힘든 공부와 엄격한 기도생활과 규율은 남자와 소년, 약자와 강자, 헌신된 자와 헌신되지 못한 자를 구분해냈다. 학업이 좋지 못하거나 신학교 생활에 적응하지 못한 이들, 건강이나 성적인 문제가 있는 자들, 또는 적응하지 못한 자들은 학교를 그만두었다. 그런데도 한 명이 학교를 떠날 때마다 나는 괴로웠다. 마치 그들이 하나님과 교회를 거부하는 것 같았다. 나에게는 이렇게 하는 것이 불신앙의 죄처럼 느껴졌던 것이다. 내 마음에는 약함을 이해할만한 여유가 없었기에, 나는 그들을 깔보았다.

하지만 이런 나의 태도는 곧 변화되었다. 나는 심지어 신학교를 떠나는 몇몇을 존경하게 되었다. 왜냐하면 어떤 경우에는 학교를 떠나는 것이 남는 것보다 더욱 큰 용기를 필요로 한다는 사실을 알았기 때문이었다. 하지만 또 다른 의미에서, 나는 그들에게 안타까움을 느낀다. 그들이 사제가 되지 못해서가 아니라, 그들이 사제의 실제 모습에 대해 비현실적인 관념을 지니고 그것에 집착했다는 점 때문이다. 예전에 신학생이었거나, 사제나 수녀였던 이들 중에 얼마나 많은 수가 절망 속에 삶을 살아가고, 죄책감과 두려움에 시달리고, 매일의 역경과 고통을 하나님의 심판으로 느끼고 있을지는 오직 하나님만이 아실 것이다. 이들이 친구들과 친척들에게 배척을 당하거나 박해를 당하는 일은 부지기수다. 많은 이들이 그들을 세 번에 걸친 실패자들로 생각한다. 즉, 하나님께 실패하고, 가족과 친구들에게 실패하고, 자신들에게 실패했다는 것이다. 과거의 안전함을 포기하였기에 일상생활의 현실에 준비하지 못하고, 때로는 정서적으로 불구인 이들이 어떻게 새 삶을 시작할 수 있겠는가?

우리 신학교의 주입식 교육은 수 세기에 걸친 관습과 기술로 태어난 놀라운 것이었다. 우리는 로마교회의 능력과 세력과 화려함이 커질수록 우리가 누리게 될 즐거움과 특권을 기대했다. 시간은 빠르게 지나갔다. 교실 학습, 토론, 운동도 흥미 있는 거리였지만 한 해의 최고 행사는 가을 피정이었다. 그 때는 교실 수업을 한 주 내내 생략하고, 시카고나 밀워키 또는 해외에서 오시는 피정 전문가들의 고무적인 메시지를 듣는 것이 일이었다. 가장 기억에 남는 피정은 마르케트 대학에서 오신 한 예수회 수사님이 진행하신 때였다. 나는 그분의 이름을 마디건으로 기억한다. 그분의 말씀은 생생하고 내 마음에 와 닿았던 것은 물론이고, '영적'이었다. 그분은 기도, 영원한 순결, 자선, 순종, 마리아에 대한 헌신 및 사제직까지 모든 주제를 다루셨다. 수련회 후에 마디건 신부님은 우리 각자에게 작은 명판을 주셨는데, 그 위에 직접 "나는 바라고, 나는 할 수 있고, 나는 할 것이다"라고 적어주셨다. 이 작은 명판은 이후 십 일 년 동안 내 책상 위에 있었다. 매일 아침 나는 의식에 따라 이 말을 반복해서 읊조렸는데, 워싱턴의 맥나마라 주교가 내 머리에 손을 대고 내가 "멜기세덱의 반차를 따라 영원한 사제"가 될 것이라고 말씀하실 때까지 그렇게 했었다. 로마는 인내를 지나칠 정도로 강조하는데, 이는 내가 이 길을 끝까지 가게 된 것과도 관계가 많이 있다. 왜냐하면 그 목적에 너무나 심취한 나머지 나에게는 그 무엇도 문제가 되지 않았기 때문이다.

자아를 형성하는 시기에 있던 열망으로 가득한 우리에게, 우리를 가르치고 양육하신 맨발의 가르멜 수도회 신부님들의 모범적인 생활 방식은 우리에게 최면을 거는 것 같은 효과를 낳았다. 그들은 우리에게 대가는 계산하지 말고, 사제직에 이르는 길에서 이탈하지 말라고 우리를 설득했다. 사제가 되겠다는 나의 열정은 처음부터 교수님들과 학생들에게도 눈에 띄었다. 학장님은 나를 지목하시며, 하나님께서 '그리스도의 형상'[3]이 되도록 분명히 정하신 자라고도 하셨다. 나는 진실하게 말할 수 있다. 나는 신학교에 들어간 날부터 사제가 된다는 나의 소명을 한 번도 의심한 적이 없었다.

그렇다고 삶이 온통 진지하기만 했던 것은 아니었다. 나는 문자 그대로 바지가 벗겨진 상태에서 딱 걸렸던 그 순간을 잊을 수 없다. 친구와 나는 야구 경기를 위해 옷을 급하게 갈아입고 있었다. 그런데 마침 친구 중 하나가 자신의 두 여동생을 한 팔에 하나씩 끼고 들어온 것이었다. 우리는 옷을 벗은 상태였고, 가릴 시간도 없었다. 우리는 붉게 달아오른 천사와 같은 얼굴로 그냥 침대에 앉아버렸다. 그리고 잠시 키득거린 후에 침입자들을 "꺼지게 해달라"고 낮은 목소리로 기도했다.

그리고 무지 티셔츠를 입고 다니는 날도 있었다. 교실에서는 편한 옷을 입을 수 있었다. 하지만 필라델피아에서 온 몇몇은 매일 저녁에 예배를 드리기 위해 셔츠로 갈아입는 것도 귀찮아했다. 학장 신부님은 이러한 적절하지 않은 행위를 충분히 참았다고 생각하셨다. 친근하면서도 분명하게 우리에게 앞으로 예배당에는 타이를 하고 와야 한다고 말씀하셨다. 아! 그런데 누군가 기

---

3. Pope Pius XII, quoted by Karl Rahner, S.J., ed., The Teaching of the Catholic Church, trasns. Geoffrey Stevens (Staten IslandL Alba House, 1967), p. 349.

발한 생각을 해냈다. 나는 그게 조니 밀러라고 생각하는데, 후에 그레고리 밀러 신부로 알려진 친구로 결국은 사제직을 떠나게 된다. 어쨌든 우리는 학장님이 말씀하신 그대로 했다. 우리 네 명은 다음날 아침에 지정된 장소에 엄숙하고 경건하게 앉아있었다. 흰색 면 티셔츠를 입고 세심하게 매듭을 한 타이를 했다. 다만 타이를 스티프 칼라에 한 것이 아니라 맨 목에 했을 뿐이었다. 엄청난 웃음이 터져 나왔다. 우리의 사소한 장난 때문에 아주 기가 막힌 날이 되었다. 하지만 우리는 매우 엄숙하고 참회하는 모습으로 행동했기 때문에 학장님도 참을성을 가지고 타이와 티셔츠는 함께 입어서 안 된다고 설명해주셨다.

내가 태도 때문에 정말로 견책을 받은 것은 스포츠 때문이었다. 야구와 축구시즌이 되면 엄청난 경쟁이 일었다. 내 생각에는 운동을 잘하지 못하는 사람은 어떤 면에서 결점이 있거나 사제직에 소명이 없는 것 같았다. '신학교' 첫 해에는 스포츠를 좋아하는 우리들이 스포츠를 좋아하지 않는 친구들을 정말로 박해했던 기억이 난다. 정도가 심해져서 학장님이 이를 멈춰야 할 지경이 되었다. 하루는 학장님이 나를 사무실로 부르시더니 내가 운동을 신으로 삼고 있다고 말씀하셨다. 그 말씀은 맞았다. 나도 알고 있었다. 학장님은 말씀하셨다. "공놀이는 목적을 이루기 위한 수단일 뿐이야. 너는 전문 운동인이 되기 위해서 신학교에 온 게 아니라, 하나님을 섬기는 전문 사제가 되기 위해 온 거야." 젊은이든 노인이든 모든 사람은 때로 옳은 길에서 벗어나게 된다. 그리고 그 때마다 부드럽고도 확실하게 그 사람을 다시 밀어 줘야만 한다. 그렇게 다시 제 길로 들어서도록 해야 하는 것이다.

나는 스포츠에 지나치게 몰두했었지만, 학업에도 열심이었다. 엄청나게 많은 힘든 공부를 했고 좋은 점수를 받기 위해 오랜 시간 책을 보며 암기를 했는데, 이는 결국 내 삶의 특징이 되었다. 나는 공부벌레였다. 몇 번은 시험을 준비하기 위해 한 시간 일찍 일어나 공부할 수 있도록 허가를 받기도 했다. 나는 완벽한 사제가 되기 위해서 내가 배우는 모든 것이 다 필요한 것이며, 나는 교회가 제공하는 모든 도움을 받아야 한다고 느꼈다. 이렇게 느낀 이유는 누군가가 스포츠에도 전념을 해야 한다고 충고를 했었기 때문이었다. 그래서 나는 스포츠도 지나치게 했던 것이었다.

어쨌든 그 '언덕(Holy Hill)에서'는 따분했던 순간을 떠올릴 수 없다. 삶은 배우고 행해야 할 흥미로운 것들로 가득했다. 심지어 죽음이 닥쳐왔을 때도 그곳은 신비하고 아름다웠다. 우리 모두가 사랑했던 어거스틴 신부님이 돌아가셨을 때에도 슬픔이라고는 전혀 없었다. 오히려 그 대신에 신학교와 수도원 전체에는 큰 기쁨이 일었다. 신부님이 돌아가셨기 때문이 아니라, 그분이 그리스도의 교회와 마리아의 명령을 오랜 세월동안 신실하게 섬기셨기 때문이었다. 갈색 성의를 목에 두르시고, 자신이 사랑했던 종교 공동체가 둘러싼 가운데 마지막 교회의 예식을 거행했다. 이는 정말 최고였다. "이 얼마나 갈만한 길인가!" 우리가 그분의 섬김의 삶을 돌아보는 동안 한 수도사는 이렇게 외쳤다.

어거스틴 신부님의 몸은 교회 땅에 안장되었다. 사제의 영대(stole)가 있는 예복을 완전히 갖춰 입은 그의 모습은 하나님의 대리인이자, 예수 그리스도의 사제직을 공유하는 것 같이 보였다. 긴 촛불들이 그 관 둘레에서 어둠 가운데 깜빡거렸다. 밤의 그림자가 내린 가운데 누구라도 으스스한 분위기를 느낄 수 있었는데, 차가운 겨울바람이 바깥에 몰아칠 때는 더욱 그러했다. 신학생들이 돌아가면서 시신을 철야로 지켰다. 내 차례가 되었고, 나는 인생의 짧음을 깊이 생각했다. "인생은 그 날이 풀과 같으며 그 영화가 들의 꽃과 같도다 그것은 바람이 지나가면 없어지나니 그 있던 자리도 다시 알지 못하거니와 여호와의 인자하심은 자기를 경외하는 자에게 영원부터 영원까지 이르며 그의 의는 자손의 자손에게 이르리니"(시 103:15-17).

물론 나는 신부님의 영혼이 영면하기를 기도했다. 왜냐하면 신부님이 연옥에 있다고 생각했기 때문이다. 우리 중 어느 누구도 연옥의 본질이나 그 기간에 대해서 전혀 아는 바가 없었다. 다만 우리는 신부님이 그곳에서 머무르시는 기간이 짧기만을 기도했다. 다음 날 아침, 위령 대미사를 드린 후에 어거스틴 신부님은 십자가의 길 제 7처 뒤편에 일월의 차갑고 딱딱한 땅에 묻히셨다. 그리고 나는 나 역시도 가르멜 수도회의 수사로 죽겠노라고 엄숙히 기도했다.

학장 신부님의 말에 따르면, 연로한 수사의 영혼은 예배당 입구 근처에 나타난다고 했다. 그때까지 나는 언제나 매일 저녁 예배당에 들어가 제단 앞에서 기도를 하고는 했다. 나에게 그리스도는 금으로 된 감실(tabernacle)에 계신 분이었다. 그렇기 때문에 예배당을 떠나기 전에 나는 감실을 바라보며, 그리스도의 '실질적인' 임재가 임하였음을 경외하는 마음과 더불어 두려움과 떨리는 심정으로 감실을 만졌었다. 이렇게 하는 것이 나를 하나님께 더욱 가까이 인도한다고 느꼈고, 내 온 존재에 힘을 불어넣어 나를 교회의 위대한 아들이자 하나님 마음에 합한 사제로 만들어 준다고도 느꼈다. 하지만 돌아가신 신부님이 예배당 문 바깥에 나타난다는 이야기를 듣고 나서는, 절대로 밤에 예배당에 혼자 들어가지 않게 되었다. 나는 그의 유령을 만날까봐 두려웠다. 혹시 만난다면, 나는 어떻게 해야 할 것인가? 무슨 말을 할 것인가? 또는 그분이 나에게 무엇을 한다거나 말을 한다면 어떻게 해야 하나?

나는 그 순간이 죽음 이후의 삶과 영원의 신비함에 대해서 내가 아는 것이 매우 부족하다는 사실을 처음 인식한 때였다고 생각한다. 하지만 나는 두렵지 않았다. 나는 진리에 대한 완벽한 지식이 있다고 느꼈고, 죽음 후에는 구원이 임한다고 완전히 확신했기 때문이다. 나는 살아있는 자들이 왜 그렇게도 죽음을 인식하지 못하는지 의아했다. 결국 죽음은 모든 남녀에게 닥치는 것인데 말이다.

신학교 시절에 시간이 얼마나 빠르게 흘러갔는지 믿을 수 없을 정도였다. 가을에 이어 겨울이 찾아오고, 또 겨울에 이어 봄이 찾아왔다. 그리고 미처 깨닫기도 전에 나는 집에서 여름을 나게 되었다. 나는 어머니와 폴을 다시 볼 생각에, 또한 우리가 살던 곳에서 멀지 않던 페어마운트 공원을 따라 오랫동안 산책을 할 생각에 마음이 뛰었다. 나는 세인츠 피터 대성당에서 다시 미사 드리기를 간절히 바랐고, 아마도 오클랜드나 필라델피아 야구 경기를 보게 될 수 있으리라 기대했다.

나는 신학교 시절 처음 겪은 그 여름 방학을 결코 잊을 수 없을 것이다. 나는 필라델피아 중앙 우체국에 있는 식당에서 그릇 치우는 일을 했다. 학교에서의 삶과 세상에서의 삶의 차이는 낮과 밤의 차이 같았다. 직장에서 만난 두 천주교도 남성들의 상스러움과 부도덕성은 사제가 되어 종교적 삶을 살아갈 나의 소명을 더욱 감사하게 만들었다. 이 사람들은 내가 여자를 너무 모르기 때문에 젊은이라면 보통 있어야 할 성적 배출구를 박탈당한 것이라고 생각했다. 그리고 세상과 육체와 마귀에 대한 나의 저항을 꺾기 위해 갖은 일을 다 했다. 하지만 우리는 이러한 일들에 대해 이미 경고를 들은 상태였다.

여름 방학 때 여자를 만나면서 사제가 되겠다는 소년들의 꿈이 꺾이는 경우가 종종 있었다. 나는 그런 일이 내게 생기기를 원하지 않았다. 비록 결혼도 성사라고 하지만, 학장 신부님은 우리가 결혼 생각을 내려놓도록 하는데 탁월한 능력이 있었다. 즉 대부분의 여성들이 결혼 후 5년이나 10년이 지나면 못 생겨지고, 뚱뚱해지고, 남자를 통제하려고 든다고 말하셨던 것이다. 우리는 사랑이란 사제가 되겠다는 맹세와 순결을 모두 깨뜨리게 하는 유혹에 불과하다고 믿게 되었고, 그럴수록 동정의 영광은 더욱 극대화 되었다. 버틀러가 쓴 『성인들의 삶』은 부정함으로 자신의 몸을 더럽히기보다는 자신의 삶을 희생했던 로마 성인들의 본보기를 제공했다. 신학교 예배당과 언덕 꼭대기에 있는 큰 교회에는 동정녀 마리아와 성 요셉의 동상이 있었는데, 각각 손에 백합을 들고 있었다. 천주교 전설에 따르면 성 아가사와 성 안토니우스도 동정이었다. 우리는 가족이 있는 성인들에 대해서는 거의 듣지 못했다. 그러한 두려움이 내 안에 주입되어 있었기 때문에 나는 여자를 만나지 않기로 결심했다. 물론 나의 눈을 억제하는 데는 여전히 많은 어려움이 있었다. 그래서 매주 토요일 오후에는 달려가서 고해 성사를 하며 사제에게 내게 눈을 다스릴 능력이 없다고 이야기했다. 고해를 받으시는 신부님은 나에게 마리아에게 기도를 드리고, 묵주 기도도 할 것을 권하시며, 부정함에 맞서는 방비책으로 모든 주머니마다 묵주를 두고 다니는 방법을 추천하셨다. 나는 그렇게 했고, 실제로 도움이 되었다고 생각한다.

나는 로마가톨릭교회에 독신 서약이 왜 그렇게 중요한 것인지를 알지 못했다. 물론 이제는 천주교회가 결혼을 금지하는 이유를 쉽게 이해할 수 있다. 결혼은 자연스러운 것이다. 반면에 독신은 부자연스러운 것이기에 그 대가를 치러야 한다. 결혼은 본질적으로 로마에 집중된 권력을 약화시키는 경향이 있다. 결혼은 상급자의 권위를 희석시키며, 특히 사망 시에는 유산에 대해 복잡한 법적 관계를 초래할 수 있다. 교회의 교리가 일반 상식이나, 형평법이나 법률과 상충될 때, 아내의 영향력이 교회의 영향력보다 클 때가 많은 것이다. 사제가 결혼을 했다면 아마도 그는 가족과 사제직을 놓고 선택을 강요받을 것이다. 명백한 점은 독신의 서약으로 인해 사제들은, 사랑은 물론 장보기, 집수리, 자녀들 및 학교 교과서와 같이 일상적인 실제 세계와 격리된다는 사실이다. 또한 연구에 따르면 독신 생활은 심각한 정서적, 정신적 문제를 빈번하게 유발한다고 한다. 그렇다면 어떻게 사제가 효과적으로 현대 사회에 만연한 결혼 생활의 문제에 대해서 남녀에게 조언할 수 있는지 의문이 생긴다. 사제는 그러한 문제들을 거의 전혀 이해하지 못할 것이다. 왜냐하면 그는 어려움을 해결할 유일한 방법이 이혼밖에 없다고 생각하는 부부들이 겪은 마음 아픈 경험을 체험하지 못했기 때문이다. 오히려 성적으로 금욕하라는 것과 같은 잘못된 충고를 하면 남편과 아내가 서로에게 돌아설 뿐 아니라 교회에서도 돌아서도록 만들게 된다.

내가 신학교를 다니며 집에서 떠나있을 때, 동생 폴은 종교적인 일들에 엄청나게 심취하여 이미 여섯 살 때에 '미사를 집전' 하고 있었다. 그해 여름에는 어머니의 짙은 색 긴 옷을 입고 미사를 집전하는데, 나는 복사 역할을 했고 가족들이 쓰는 서랍장은 제단이 되었다. 동생은 종종 수녀원 옆에 붙어있는 우리 집 마당을 행진하면서 미사의 찬트를 따라하거나 옛 라틴어로 된 성체 감복식 찬미가인 '지존하신 성체'(Tantum Ergo Sacramentum)을 불렀다. 도미니크 수도회 수녀들은 폴이 미사의 일부를 암송하고 듣기만 하고 라틴어를 능숙하게 말한다는 점에 놀랐다. 그래서 어머니에게 창문에서 폴을 보는 일이 얼마나 즐거운지 모른다는 말도 했었다. 수녀님들은 드물지 않게 이런 소리를 했다. "안녕하세요, 폴 신부님." 10년 후 동생도 홀리 힐 신학교에 들어갔지만, 자신의 소명이 아니라는 사실만 깨달았을 뿐이었다.

나는 집에서 맡은 일들을 즐기기는 했지만, 홀리 힐을 잊을 수 없었다. 나는 학장님에게 한 달 일찍 돌아가게 해달라고 사정했다. 학장님은 그렇게 하는 조건으로 해야 할 일을 주셨다. 나는 그 곳의 아름다움에 빠져 집을 일찍 떠났다는 죄책감을 항상 느꼈었다. 어머니와 동생은 아무 말도 하지 않았지만, 나는 그들에게 내가 상처를 주고 있다는 것을 알았기 때문이었다.

내가 신학교에 들어간 뒤 몇 달 지나지 않아 세계 2차 대전이 발발했다. 몇몇 신학생들은 학교를 떠나 나라를 지키기 위해 전쟁에 나섰다. 하지만 상당수는 그대로 남아 있었다. 우리는 예전에 머물던 세상에서 단절되었다. 라디오도 신문도 없었기 때문에 최근 소식을 전혀 접하지 못했다. 보통 친척들이 보내 준 편지를 통해 중요사건들을 알았고, 때로는 학생의 아버지나 형제가 전쟁 중에 목숨을 잃었다는 소식이 들려 왔다. 그때는 전쟁이 매우 임박한 것처럼 느껴졌고 슬픔의 물결이 홀리 힐을 덮었다. 점점 많은 학생들이 군복무를 위해 떠나야 하는 것은 아닌지에 대해 이야기를 했고, 몇몇 경우에 학생들은 주검으로 발견되기도 했다. 하지만 우리는 그곳에서 일하고, 공부하고, 기도했다. 그리고 그렇게 하는 것이 하나님과 국가에 우리가 할 수 있는 최선의 임무라고 믿었다.

소신학교 4년 째 마지막 학기에 접어들면서 전쟁도 끝나가고 있었다. 나는 수련기(novitiate)에 들어설 준비가 된 것이었다.

1945년 여름은 매우 길게 느껴졌다. 며칠, 몇 주, 몇 달이나 질질 끌더니 결국 내가 매사추세츠 브루클라인에서 수련기에 들어가게 되었다는 소식을 듣게 되었다. 그곳은 워렌 로드에 있는 담쟁이덩굴로 덮인 대저택으로, 자메이카 호수 바로 위쪽에 있는, 보스턴 대학에서 불과 몇 킬로미터 떨어지지 않는 곳이었다.

마침내 어머니와 폴에게 안녕을 고해야 할 날이 되었어도 나는 펑펑 울거나 슬퍼하지는 않았다. 나는 사제가 되기까지 이제 8년 간 집에 돌아올 수 없지만 말이다. 나는 이미 오랫동안 가족을 떠나 있었고, 가족들도 나의 부재에 적응했던 것이다. 물론 가족은 나를 여전히 사랑했지만 예전처럼 나를 그리워하지는 않았다. 더욱이 우리는 이것이 하나님의 뜻이고, 하나님의 소명으로서 거룩하며 의심할 여지가 없는 것이라고 굳게 믿었기 때문이었다. 나는 이제 외로움, 청빈, 침묵, 육체노동, 힘든 공부, 부족한 수면 시간이 나를 기다리고 있으리라는 사실을 알았다. 나는 기도와 금식과 금욕의 시간을 고대했다. 영화, 파티, 친구들의 방문, 스포츠와 같은 세상적인 즐거움에서 단절된 채로 말이다. 나는 수도원의 삶이란 육군 사관학교의 생활을 마치 주일학교 소풍에 불과하게 여길 정도로 엄격하다는 것을 알았다. 하지만 그렇다고 해도 조금도 두렵지 않았다. 왜냐하면 하나님의 은혜는 언제나 우리 가족에게 임할 것이고, 이제는 아무리 힘들다고 해도 적응을 해야 할 시간이 된 것이었다.

나는 바란다, 나는 할 수 있다, 나는 할 것이다

1945년 8월 나는 메사추세츠 브루클라인 워렌 로드 514번지에 도착했다. 이곳은 앞으로 2년 동안 나의 집이 될 곳이었다. 그곳에서 나는 모든 개인적인 생각과 감정 및 창조성을 박탈당했다. 몸과 마음의 무조건적인 순종만이 요구되었다. 획일성만이 그곳의 목적이었다. 물론 이는 내가 기쁘게 받아들인 삶이었다. 왜냐하면 나는 수도원에서 내가 만날 상급자는 이 땅에서의 그리스도이며, 따라서 반드시 그의 명령에 순종해야 한다고 믿었기 때문이었다. 나는 그곳의 생활이 쉽지 않으리라는 사실을 알았지만 준비는 되어 있었다. 나는 집에서, 학교에서, 그리고 신학교에서 이미 준비되어 있었다.

나는 그곳이 암울하거나 병적인 곳이라는 인상을 주고 싶지는 않다. 그곳은 음침한 얼굴을 한, 갈색 옷을 입은 사람들이 길고 긴 아치형 회랑을 따라 터덜터덜 걸으며 슬픈 사색에 잠겨있는 장소는 아니었다. 오히려 정반대로 그들은 열정이 넘치는 젊은이들이었다. 그리고 상급자들 대부분은 자신들의 사명을 완수하는 일에 헌신되고 열심이 있는 자들이었다. 그리고 깨어 있는 시간에는 모두 할 일이 있었다.

내가 배정받은 방은 가로 세로가 2.4미터 3.6미터의 크기였다. 합판으로 된 침대, 얇은 이불, 물품 보관함, 책상, 의자, 벽에 걸린 단출한 십자가가 그 방에 있는 전부였다. 십자가에는 아무런 형상이 없었다. 이는 내가 수련자로서 그리스도가 있을지 모르는 모든 곳에서 그리스도를 찾아야 한다는 뜻이었다. 그렇지만 성경의 도움 없이 그렇게 하도록 했다는 점을 반드시 추가적으로 설명해야 할 것이다.

 이러한 수도원이라는 고립된 은신처는 높은 장벽으로 일상생활과 괴리된 비밀 왕국에 비견할 수 있을 것이다. 이렇게 사회와 격리되면서 우리는 수도원의 생활양식에 적합하도록 변해갔다. 우리는 세상 및 친구와 끊겨졌고, 오래지 않아 바깥세상에서 있었던 장면들을 희미하게 인식하는 수준까지 되었다. 돌아보면 어떻게 우리 젊은 천주교도들의 마음이, 생각과 행동이 완전히 동일해지도록 형성되어 졌는지 놀랍기만 하다. 나는 토기장이가 그릇을 만들듯이 인간의 마음과 정신을 형성하는 일이 가능하다고 생각하지 않았다. 하지만 실제로는 가능했다. 이러한 형성 과정은 능숙한 조종이 필요한 것처럼 보이지도 않았다. 오히려 숨 쉬는 것처럼 자연스러워 보였다. 우리의 마음을 흩뜨리는 외부의 일은 최소한으로 제한되었다. 친구나 친척들의 방문은 위급상황에서만 허용되었다. 신문, 잡지, 라디오는 전적으로 금지되었다. 도서관도 특별 허가 없이는 출입금지 구역이었다. 그리고 성경은 닫힌 책처럼 취급했다.

 이제 그 때를 돌아보면, 그런 과정이 만들어 낸 효과에 경악하게 된다. 이렇게 모든 것이 방비가 되어 있는 환경에서 우리는 새롭게 만들어진 것이었다. 비록 이러한 환경이 우리의 정서와 지성을 차갑게 식혀버리는 효과를 냈음에도 말이다. 우리는 우리가 배운 내용 이외에는 의문을 품지 않아야 한다는 사실을 **빠르게**

배워나갔다. 우리는 금욕주의자가 되었고, 우리의 감정을 단체의 규율에 복종시켰다. 따라서 세속과 격리된 이곳에서는 격렬한 슬픔이나 기쁨이 갑자기 몰려오는 법이 없었다. 그곳에는 다툼은 없고 만족감만 있었다. 우리는 차분하고, 정적이고, 순종적이며, 쉽게 감명을 받았다.

또한 우리는 이러한 경험을 최고의 특권으로 여겼다. 다른 누가 이 고귀한 소명을 열망하겠는가? 우리는 사제가 되어 하나님과 사람의 중보자가 될 것이며, 하나님과 사람의 중보자가 되기 위해 준비하는 중이라고 믿었다. 우리는 영적인 수호자이며 하나님과 같은 권위를 지니는 '왕실의 분배자'로서, 생명과 죽음에 대해서도 그러한 존재들이었다.

우리에게 이러한 권세가 있다는 주장은 그저 막연한 추정은 아니었다. 이는 거룩한 신조에 근거한 것이었다. 1546년, 트렌트 공의회는 천주교의 전통이 성서와 동등하다고 선포한다. 세월이 흐르면서, 전통은 하나님의 말씀을 대체하는 것, 또는 더 우월한 것이 되었다. 공의회의 교령(decree)은 신성하고, 오류가 없는 교리로 선포되었고, 따라서 교회는 그것들을 받아들이도록 요구했다. 공의회의 교령에 순종하지 않거나 거부하는 것은 심각한 죄로서 배교에 해당하는 죄가 될 수 있었다. 공의회는 선포했다. "사제는 하나님의 사람이며, 하나님의 사역자이다. 사제를 경멸하는 자는 하나님을 경멸하는 것이며, 사제의 말을 듣는 자는 하나님의 말을 듣는 것이다. 사제는 하나님으로서 죄를 사하고, 사제가 제단에서 하나님의 몸이라고 칭한 것은 자기 자신과 회중에 의해 하나님으로 흠모된다. 그들의 기능은 그보다 위대한 것을 도저히 생각할 수 없을 만큼 위대하다. 그런 이유로, 그들은 사제뿐 아니라 하나님으로 불리는 것이 옳으며, 우리 가운데서 일할 때 불멸의 하나님의 권세와 능력을 소유한다."[4]

프랑스의 성 요한 비안네(St. John Vianney)는 이렇게 썼다. "사제가 없는 곳에는 희생 제사도 없다. 또한 희생 제사가 없는 곳에는 종교도 없다. 사제가 없으면 우리 주님의 죽으심과 수난도 아무 소용이 없다. 사제의 이 능력을 보라! 그의 입술에서 나오는 한 마디는 빵 조각을 하나님으로 변화시킨다! 이는 세상을 창조한 것보다 더욱 뛰어난 솜씨이다."

따라서 우리는 열정을 다해 성인들과 가르멜 수도회의 전통에 몰두했다. 관상기도(contemplative prayer)를 행동으로 옮기는 것이 가르멜 수도회가 소명을 완수하는 방법이다. 맨발의 가르멜 수도회 수도자로서 나는 주님, 가르멜 수도회의 형제들, 그리고 세상을 향해 사도처럼 헌신하며 살려고 애썼다.

나는 도착한지 얼마 지나지 않아 이 수도회의 성의를 입게 되었을 때 나는 매우 흥분이 되었다. 또한 그러는 동시에 나는 나의 옛 삶이 죽었고 새 삶이 시작한다는 뜻으로 새로운 이름을 받았

---

4. Boettner, p. 51.

다. 나는 바돌로매를 선택했다. 왜냐하면 나는 이 사도의 거룩함과 헌신에 관한 전설에 매료되었기 때문이었다. 바돌로매 사도는 살아 있는 상태로 피부를 벗기고 참수되었다고 전해진다.

또한 가운데 이름도 선택해야 했는데, 성육신, 성스러운 묵주, 프라하의 아기 예수 등과 같은 것들이었다. 나는 성령님을 골랐다. 왜냐하면 나는 도움이 필요했기 때문이었다. 그때부터 나는 서품을 받을 때까지 성령님의 바돌로매(Brother Bartholomew of the Holy Spirit) 형제였다. 그 이후에는 바돌로매 신부님이 되었다.

전승에 따르면 가르멜 수도회는 유서가 매우 깊었다. 몇 세기 동안 사람들은 수도원에서 모여 살았는데, 때로는 동굴, 숲 또는 사막에 살았다. 마치 인도의 힌두교도, 금욕주의 고대 유대교 분파인 에세네파, 후에는 인도의 부처를 따르는 자들처럼 말이다. 가르멜 수도회는 팔레스타인의 갈멜산에서 그 이름을 따온 것인데, 이곳에서는 그리스도가 오시기 9세기 전부터 구약의 선지자 엘리야가 수도원 생활을 했다고 전해진다. 그 때부터 갈멜산과 그 근방에서 살아가는 거룩한 남자들이 이룬 굳건한 결속이 이어져왔다.

가르멜 수도회는 급증하여 전 세계에 퍼져나갔다. 오늘날 그들 중 많은 수가 '성인', '복자', '가경자'가 되었다. 좌우명인 "내가 만군의 하나님 여호와께 열심이 유별하오니"를 따라 가르멜 수도회 수사들은 모든 사람 중에 첫째가 되기 위해 수고했다. 교황 요한 23세가 제2차 바티칸 공의회를 소집하기 전까지, 맨발의 가르멜 수도회는 가장 엄격한 수도회였다. 그 전통과 미신적 관습은 오래되었고, 다채로웠으며, 금욕적인 마음에는 호소력이 있었다. 스카풀라(scapular)는 그 대표적인 예이다. 이 가느다랗고 작은 천 조각은 목과 어깨 주위에 두르는 용도인데, 13세기에 동정녀 마리아가 성인 시몬 스톡에게 주신 것이라고 했다. 수많은 천사들의 임재 가운데 마리아는 말했다. "이것이 너와 모든 가르멜 수도회 수도사들에게 특전이 될 것이다. 이 성의를 입고 죽은 자는 구원을 받으리로다."[5] 이러한 대사(면죄부, indu-lgence)는 특전 미사(Sabbatine Privilege)로 알려진 것으로서, 여러 교황들도 이를 인정했다. 하지만 이는 그저 사람이 만들어낸 것으로 알려졌다. 하지만 많은 경건한 자들이 이 성의가 지옥에서 자신을 구원한다고 믿으며, 가르멜 수도회 수사들은 죽을 때까지 이 옷을 착용하면 그 영혼이 죽은 그 주의 토요일에 연옥에서 구원된다고 굳게 믿는다. 옛 전승에 따르면 토요일은 동정녀 마리아의 날이다.

한탄스럽게도 다른 수도회와 마찬가지로 가르멜 수도회 역시 중세 시대에는 부패했고 방종했다. 그 때 용기 있는 수녀이자 교

---

5. Herbert Thurston, S.J., and Donald Attwater, *Butler's Lives of the Saints* (New York:P. S. Kenedy & Sons, 1956), II, p. 331.

회의 첫 여성 박사인 아빌라의 성 테레사(St. Teesa of Avila)와 십자가의 요한(St. John of the Cross)이 일어났다. 이 둘은 모두 스페인 출신으로서 가르멜 수도회의 개혁을 단행한다. 테레사 수녀는 교회 내에서 엄청난 박해와 핍박을 받았지만, 그녀는 이를 감내하면서 16세기에 맨발의 가르멜 수도회를 만들어 내는데 성공한다. 오늘날까지 이 수도회가 가장 중요시 하는 것은 관상인데, 이는 일종의 수도원과 같은 생활로서 많은 사람들은 이 방법이 천국에 가는 탁월한 방식으로 생각한다. 그 후에는 프랑스의 리지외에서 성 테레즈(Saint Terese 작은 꽃이라는 뜻)가 등장하는데, 그는 평생 빈곤 가운데 살았다. 이 여인은 감각의 쾌락에서 초연한 삶의 본보기가 되었다. 그는 육체적 고통을 통한 자아의 속죄에 완전히 헌신하여 묵념기도(mental prayer)에 많은 시간을 보냈다. 이는 젊은 수련자인 나에게 큰 의미가 있었다. 그녀에게 내 마음을 완전히 뺏겨버렸다. 나는 이 작은 꽃을 정말 사랑했다. 나는 가르멜 수도회인 것이 자랑스러웠고 그녀와 닮기를 원했다.

천주교도는 언제나 외적인 통일을 하나님의 참된 교회의 특징이라고 생각했다. 하지만 나는 서품을 받기 전 기간에 천주교 내에서 십자군과도 같은 경쟁심리를 볼 수 있었다. 즉, 각 수도회 사이에도 서로에 대한 질투, 교만함, 증오심이 있었던 것이다. 도미니크회는 모든 돈을 가지고 있고, 그 돈을 얻는 방법이 무시무시하다고 정평이 나 있었다. 예수회는 지식인들이고, 프란체스코회는 자신들의 겸손에 엄청난 자부심을 느끼며, 트라피스트회는 엄격한 농부들이며, 신발을 신은 가르멜 수도회는 맨발의 가르멜 수도회와는 달리 신발을 신고 고기 먹는 일에 탐닉하는 자들이었다. 우리에게 그 외에 사도 바오로 선교회나 요셉회와 같은 수도회나 그 신도단은 이등 시민에 불과했다.

나는 참된 가르멜 수도회 수도사가 되기로 작정했다. 나는 분발하여 수도원 생활의 모든 엄격한 규율을 다 지켰고, 금식과 고행 및 철야 기도를 통해 나의 육체를 십자가에 못 박기 위해 노력했다. 가르멜 수도회의 일상에서 스스로를 벌하고, 자신을 희생하는 일은 가장 필수적인 부분이었다. 나는 당시 마르틴 루터에 대해 아무 것도 알지 못했지만, 나도 그가 언젠가 말한 것과 똑같이 말할 수 있었다. "나는 훌륭한 수도자였다. 나는 우리 수도회의 규칙을 철저하게 지켰기 때문에 만일 수도사 생활로 천국에 갈 수 있다면 그 사람은 바로 나였을 것이다. 수도원에 있는 다른 모든 형제들이 이를 증명할 수 있다."[6]

나는 온 힘을 다해 구원을 얻어 내기 위해 애를 썼다. 하지만 내가 더 노력할수록 확신은 더욱 사라졌다. 나의 믿음은 교회의 신조에 있었는데, 나는 이것이 하나님의 말씀과 동일한 것으로

---

6. Roland H. Bainton, *Here I Stand: A Life of Martin Luther* (New York: Abingdon-Cokesbury, 1950), p. 45.

믿었다. 나는 에베소서에서 바울이 "너희는 그 은혜에 의하여 믿음으로 말미암아 구원을 받았으니 이것은 너희에게서 난 것이 아니요 하나님의 선물이라 행위에서 난 것이 아니니 이는 누구든지 자랑하지 못하게 함이라"(엡 2:8-9)고 쓴 것도 알지 못했다.

문자 그대로 매일의 모든 순간이 몇몇 로마가톨릭의 성인들과 닮아가는 데 할애되었다. 나는 여러 교황들로부터 비범한 인물들로 평가된 사람들의 삶과 행동에 깊이 감동을 받았다. 그들은 내 삶의 본이 되었다. 모든 경우와 필요에 해당하는 성인이 있었다. 마치 반신반인이 총동원된 만신전 같아서 세상의 모든 모순되는 기조도 다 만족할 수 있었다. 나는 당시 내가 예배하는 대상이 '성인들'이라고는 하지만 하나님이 아닌 사람들이라는 생각을 전혀 하지 못했다. 나는 '성인들' 중 몇몇은 바벨론까지 거슬러 올라가는 이교도의 신들을 교회가 부활시킨 것에 불과하지 않는다는 사실을 알지 못했다.

사실, 나의 목표는 언젠가 성인이 되는 것이었다. 그것도 성인으로 시성된 그런 성인 말이다. 그렇다고 이것이 자아도취적인 생각만은 아니었고, 절제되고 진중한 헌신이었다. 그 안에서는 고난이 미화되었고, 때로는 갈망의 대상이 되기도 했다. 따라서 나는 꼼꼼하게 생각으로든, 행동으로든, 부주의함으로든, 규율을 위반한 모든 사소한 것들을 기록하며 아무 것도 간과하지 않으려고 했다. 그리고 우리 종교 공동체가 다 모인 식당에서 무릎을 꿇거나, 또는 수련장에게 혼자 가서 나의 무가치함과 결점들을 알렸다.

가르멜 수도회에는 2년의 수련 기간이 있다. 이는 많은 수도회들이 1년을 요구하는 것과 대조된다. 그중에 수면 부족은 가장 어려운 일이었다. 우리는 자정에 일어나 1시간 15분 정도 함께 정해진 기도를 드리고 라틴어 찬송을 불러야 했다. 그리고 우리는 스카풀라에 입을 맞추고 다시 잠에 들었다. 이렇게 해서 우리는 그 날 밤의 구원을 확신하였고, 상급자들 역시 불의하거나 정결하지 않은 생각이 우리를 덮치지 못할 것을 재차 확인하였다.

새벽 다섯 시, 한창 깊게 잠이 들면 더 어려운 일이 찾아왔다. 수련자 중 하나가 층마다 다니면서 나무로 된 딱따기를 요란하게 치며 소리를 질러댔다. "예수 그리스도와 성모 마리아를 찬양하라. 형제들아 일어나 주님께 기도하며 찬양하라."

나는 언제나 침대에서 뛰어 일어났다. 우리는 침대에 불이 난 것처럼 생각하라고 교육을 받았다. 하지만 30분 후에 묵념기도를 할 때면 우리 모두의 얼굴에는 빛이 났다. 우리는 공식적인 기도문인 성무일도를 암송했다. 그렇게 한 후에는 미사가 있었다. 8시 또는 8시 30분이 되면 저명한 천주교 신비주의자들의 저작을 읽고, 라틴어, 전례, 그레고리안 음악을 공부했다.

또한 일 주에 세 번씩 저녁이면 가르멜 수도회 모든 공동체가 어둡고 큰 회랑에 모여 시편 51편(가톨릭 성경에서는 50편), "하나님이여 내게 은혜를 베푸소서"(Miserere mei, Deus)를 찬양했다. 참회하는 시편을 낭송하는 동안 우리는 엉덩이를 짧은 가죽 매로 쳤다. 이런 행위는 인간 내면에 깊이 숨어 있는 타락한 마음을 일깨우는 것이었다.

한 사람이 다양한 고행을 한다는 것은 엄청난 영성을 지녔음을 상징하는 것이었다. 식당 입구 바닥에 누워서 수사들이 자신을 밟고 지나가게 한다든지, 식사 시간에 수사들의 발에 입을 맞추는 행위는 심령의 가난함을 고취하는 것이었다. 또한 가시 면류관을 쓴 채로 커다란 나무 십자가를 지고 간다거나, 수도자들에게 다니면서 "알라파(alapa)", 즉 뺨을 맞는 것은 우리 복되신 주님의 수난을 깊이 이해하게 만드는 역할을 했다.

대부분의 가르멜 수도회 수사와 마찬가지로, 나 역시 이 모든 고행과 속죄 행위에 참여했다. 하지만 나는 솔직히 누구나 알아볼 수 있는 것보다는 티가 나지 않는 고행들을 선호했다. 예를 들어 헤어 셔츠(커머번드와 유사한 것)를 입는 것이었는데, 이 옷은 맨살 바로 위에 입는 것으로 입은 사람이 움직일 때마다 몸을 할퀴어 고통을 남기는 것이었다. 헤어 셔츠보다 더한 것은 종아리에 몇 시간 동안 철사를 꽉 감아두는 것이었다. 이 고행은 특별 허가를 필요로 했는데, 이후에는 혈액 순환을 막아 패혈증을 유발할 수 있다는 이유로 금지되었다. 몇몇 가르멜 수도회 수사들은 한 겨울에도 양말을 신지 않고 다녔다. 몇몇은 조약돌을 샌달에 넣고 다니며 주님을 위해 그 불편함을 참았다. 우리는 감각을 부정할 것으로 요구받았다. 특히 여성을 보는 것에 관해서 그러했다.

끝없는 규칙들과 규율들의 목록이 몇 권에 달했고, 모든 수도사들을 통제했다. 그리고 일 년 중 육 개월은 '금식'을 했는데, 이 때는 하루에 두 끼는 일부만 먹고 한 끼만 온전히 먹는 것이었다. 그러니 12월 8일 원죄 없이 잉태되신 동정 마리아 대축일과 같이 금식이 없는 성일들을 얼마나 고대했겠는가.

이러한 금욕 행위들은 본래 평생 실천해야 하는 것들이다. 우리는 자아를 부정하고 스스로에게 고통을 주는 것이 영혼을 정결케 한다고 배웠다. 우리는 하나님의 자비를 통해, 하나님의 교회와 그 요구 사항을 충실히 지켜 우리의 몸을 극복하여 우리가 갚아야 할 것을 탕감하고 죄가 속하여지기를 바랐다. 이렇게 해서 우리는 로마의 교회로부터 공로를 추가적으로 받을 권리를 받는 것이다. 그런 식으로 우리는 천국에서 풍성한 보상을 받을 만한 수준의 거룩함에 이르는 것이다. 우리는 고행을 할수록 온전한 완벽함, 즉 궁극의 영성을 더욱 확신할 수 있는 것이었다. 하지만 그 상은 저 멀리에 있었다. 이는 죽음 후에야 이루어질 것이었다.

되돌아보면 이제는 모든 것이 보인다. 우리가 가르침을 받은 것과 우리가 실행에 옮긴 금욕행위로 판단하자면 이렇게 해서 결국 하나님이 우리에게 빚을 지게 된다는 것이다. 그래서 하나님은 우리에게 하늘의 문을 여실 수밖에 없다는 것이다. 우리는 그 모든 것을 우리의 힘으로 얻어낸다. 비록 몇몇 사소한 면에서 실패한다고 해도 교회에는 교황을 통해 이용할 수 있는 엄청난 공로의 저장소가 있다. 또한 동정녀 마리아도 우리를 도와줄 수 있다. 그리고 궁극에 가서는 예수님도 도움을 일부 주실 수 있다는 것이다. 오늘 나는 이러한 터무니없는 사기 행위에 웃음을 금할 수 없다. 하지만 이는 유머러스하기보다는 서글픈 일이다.

성경이 우리 교육과정의 일부이기라도 했다면, 우리는 예수님이 바리새인들을 질책하실 때 이와 같은 관습들과 자기의를 어떻게 다루셨는지 알 수 있었을 것이다. 예수님은 그들을 "독사"(마 12:34) 라고 부르셨다. 바리새인들은 많은 것들을 스스로 금하고 기도도 많이 했다. 하지만 바울은 말한다. "이러한 행위들은 실제로 지혜의 외적 치양이며 … 그것들은 아무 가치가 없으며 … 단지 죄악된 옛 본질에 탐닉하게 할뿐이다"(골 2:23, 헬라어 직역). 나는 성경이 "우리의 의는 다 더러운 옷 같으며"(사 64:6)라고 말씀했는지 몰랐다. 우리는 하나님의 은혜와 자비만을 통해 우리가 모든 죄의 용서함을 받고 성령님을 영접하게 되면, 보혜사께서 우리 마음에 거하시고 그에게 순종할 때 우리의 길을 인도해 주신다는 사실을 전혀 이해하지 못했다. 성경은 말한다. "우리를 구원하시되 우리가 행한 바 의로운 행위로 말미암지 아니하고 오직 그의 긍휼하심을 따라 중생의 씻음과 성령의 새롭게 하심으로 하셨나니"(딛 3:5)라고 말한다.

내가 이 진리를 알고 받아들였다면 아마도 이단자라는 낙인이 찍혔을 것이다. 간단히 말하자면 로마는 하나님의 말씀이 교회의 신조와 부딪히면 하나님의 말씀을 이단시한다. 로마의 교회는 진리를 인정하기를 거부한다. 왜냐하면 그렇게 된다면 교회는 모든 길을 다시 재정립해야 하고, 사제들과 교황이 하나님이 정하신 구원의 분배자라는 거짓 가르침에서 나오는 세상적인 권력을 많은 부분 잃게 되기 때문이다.

하지만 당시 나는 무지했기 때문에 견습생 첫 해를 종교적인 축복으로 여겼다. 나는 그제야 개인의 청빈, 순결, 순종을 서약할 준비가 된 것이었다. 예식 초반에 우리는 이런 질문을 받았다. "무엇을 구하는가?" 우리는 젊었고, 강했으며, 이상적이었기에 이미 모두 암기했던 답을 했다. "우리는 세 가지를 구합니다. 하나님의 자비와, 우리 수도회의 청빈과, 형제의 교제입니다." 이는 하나님과 하나님의 어머니를 섬기겠다는 우리의 약속이었다. 우리는 갈색 예복에 덮인 채 바닥에 완전히 엎드렸다. 그러자 '하나님 당신께'(*Te Deum*), 찬미가가 흘러나오고 꽃잎이 우리 위에 흩뿌려졌다. 그러는 내내 우리는 "여왕, 자비의 어머니를 맞이하라"(Salve Regina, Mater misericordiae)를 계속 읊조렸다. 이 의식으로 우리는 세상에 대하여 죽었음을 알린 것이었다. 또한 우리는 하나님과 복되신 마리아에게 서약을 한 것이었다.

이 의식 중 나는 마리아에게 간구했다. 왜냐하면 나는 마리아의 도움이 없으면 한 영혼은커녕 내 영혼도 구원할 수 없다고 배웠기 때문이었다.

나는 이러한 서약을 하는 것이 누군가에게는 정신적 외상을 초래하는 경험이 되기도 한다는 이야기를 들었다. 하지만 나에게는 그렇지 않았다. 우리 가족에게 물질적인 소유란 별 의미가 없었다. 빈곤은 아무런 위협이 되지 못했다. 순결의 서약은 누군가에게 굉장히 불쾌한 일이 될 수도 있지만 이 역시 나에게는 아무것도 아니었다. 나는 이 세상의 것에 어떤 유혹도 느껴본 적이 없었다. 오히려 나는 어떻게 사제가 되려는 사람이 음란한 생각에 빠지도록 자신을 방치하는지 이해할 수 없었다. 아마도 세 가지 서약 중 나에게 가장 어려운 것은 순종의 서약이었을 것이다. 물론 나는 집에서 어머니가 요구하신 것을 무시한 적도 없었고, 어머니의 권위에 맞선 적도 없었다. 따라서 신학교에 있을 때에는 학장님의 사소한 바람에 순종하는 것은 너무나 당연한 일이었다. 학장님이 나에게 빗자루를 먹으라고 했으면 기꺼이 그렇게 했을 것이다. 기계적인 순종은 쉬운 일이었다. 이와 함께 마음이 따라야 했는데, 누군가에게 혐오스럽고, 불편하고, 터무니없고, 또는 심지어 어리석기까지 한 일도 기꺼이 행하는 것이었다. 나는 완벽히 순종했기에, 상급자나 교회에 의문을 제기한다는 생각 자체를 한 적이 없었다. 나는 이야기를 들은 대로 받아들이기만 하면

됐다. 내가 할 일은 왜냐고 묻지 않고 그저 그대로 행하고 죽는 것이었다.

수련자 중 몇몇은 서약을 하지 않았고, 몇몇은 수도원을 떠나갔다. 나는 행운아였다. 왜냐하면 영혼의 괴로움이나 절망감으로 괴로워하지 않았기 때문이었다. 내 마음에는 그저 만족감만 커져갔다. 나는 이제 유서 깊고 로마의 복음을 전하기 위해 그 아들, 딸들이 피를 흘린 이 위대한 수도회에 공식적으로 일원이 된 것이다.

이제 나는 그 수도회의 구성원으로서, 강하고, 영적이며, 지적이고, 전투에 나설 군대의 일원이 되었다. 이 군대의 군사들은 사람과 국가까지도 다스리는 로마의 권위와 지배를 촉진하기 위해 기꺼이 죽음을 택할 자들이었다. 비록 우리는 몇몇 지점에서 후퇴할지 모른다. 하지만 그 후퇴조차 일시적인 것이며 전략적 또는 정치적 이유가 있는 것이고, 결국 로마는 언제나 승리할 것이다.

PILGRIMAGE
FROM ROME

마침내 찾은 진리

2

신부(神父)수업

사는냐 죽느냐

로마의 신학

서품을 받다

사느냐 죽느냐

브루클라인에서 보낸 2년의 수습 기간과 치열한 공부는 기쁨과 슬픔을 함께 주며 마무리되었다. 나는 엄격한 통제가 점차 풀리면서 주어지는 사소한 자유들을 하나씩 누리게 되었다. 누가 그 복종, 장기간에 걸친 침묵, 화음도 맞지 않는 그레고리안 송가를 부르기 위해 자정에 깨는 일을 그리워할 것인가? 우리 중 어느 누구도 수도사 무리 앞에서 식당 바닥에 입 맞추며 '나의 잘못'(Mea Culpa)을 속삭이던 일을 그리워하지 않았다.

우리는 성장하고 있었다.

하지만 그 장소에 깃든 '거룩함'이 그리울 때도 있었다. 왜냐하면 하나님은 종종 그 세속과 동떨어진 헌신과 희생의 분위기에서 더 가깝게 보였기 때문이었다. 우리는 수련장, 수도원장, 수련자들 사이에서 그리스도를 봤던 것 같았다. 우리는 514 워런 로드에 위치한 수도원을 둘러싼 자연의 아름다움 가운데 그리스도를 보았다. 우리는 유물들에서, 성인들의 조각상에서, 성사에서, 마리아 공경에서, 특히 성체성사에서 예수님을 뵈었다고 믿었다.

우리는 6년 동안 어머니 교회에서 잉태되었고, 점차 엄숙해지는 서약들로 묶여졌다. 그리고 순종과 독신, 육체 및 영의 필요를 온전히 교회에 의존함으로써 교회와 탯줄로 연결되었다. 무슨 필요가 있든 교회가 공급했다. 이는 대단한 제도 같이 보일 수도 있지만 그에 따른 불이익도 있었다. 많은 사제들, 형제들, 수도사들, 수녀들이 사랑하고 결혼하여 자녀를 두는 평범한 삶을 금지 당하고 심각한 좌절을 겪는다. 수도회에서 심각한 정서적 괴로움을 당하거나 신경 쇠약에 걸리는 자들의 비율은 일반 사람들 중에서의 비율보다 높다.

이제 수도원 생활을 마치면서, 우리 젊은 천주교도의 마음은 파블로프의 개처럼 반응하는 상태가 되었다. 우리는 보도록 훈련된 것을 보고, 듣도록 훈련된 것을 듣고, 말하도록 훈련된 것을 말했다. 우리는 가도록 지시받은 곳이면 어디든 갔고, 우리가 행하도록 지시받은 것이면 무엇이든 했다. 그렇게 하지 않는 것은 교회에 순종하지 않는 것이며, 이는 즉 하나님께 순종하지 않는 것이 되었다. 따라서 그렇게 한다는 것은 생각할 수조차 없는 일이었다.

이러한 환경, 즉 우리가 배운 모든 것에는 오류의 가능성이 전혀 없음을 약속하는 환경에서도 내가 이해하지 못한 것이 하나 있었다. 우리는 홀리 힐에서 보내게 될 다음 3년 동안은 주로 철학을 연구하게 될 것이라는 이야기를 들었다. 그런데 철학 연구가 우리로 하여금 종교적인 삶의 규율에 무관심하게 만들 수도 있다고 경고를 하는 것이었다. 따라서 우리는 기도와 덕을 행하는 일과 순종에 전념해야 한다는 강력한 권고를 받았다. 무엇보다도 우리가 하나의 참된 교회에 대한 헌신과 믿음에 흔들리지 않아야 한다고 했다.

왜 그런지 모르겠지만 이러한 경고가 내 심기를 불편하게 했다. 왜 그러한 경고가 필요한 것인가? 또한 우리 믿음에 해가 될 수도 있는 내용을 왜 연구해야만 하는지 궁금했다. 나는 철학에 있는 그 무엇이 종교적 삶에 무관심하도록 만들 수 있는지 알고 싶었다. 그래서 나의 신앙과 열정을 더럽히는 모든 것을 피하고 싶었다.

상급자들에게는 나의 깊은 우려를 모두 드러내기가 망설여지는 3가지 이유가 있었다. 첫째, 나에게 이러한 두려움을 말로 옮기기란 거의 불가능한 일이었다. 둘째, 나는 상급자들에게 반대를 하거나 또는 의문을 제기하는 죄를 범하고 싶지 않았다. 셋째, 나는 '검은 공을 받고' 쫓겨나고 싶지 않았다. 나는 하나님의 사제로 부름 받았음을 확신했기 때문에, 이 목적을 방해하는 그 무엇도 허락하지 않겠다고 작정했던 것이다.

나는 기도했지만 내 고민거리도 끈질겼다. 나는 철학의 냉철하고도 추상적인 세계를 들여다보기 시작했다. 내가 처음 공부하면서 얻은 것이란 스스로 씨름하는 정신적 곡예사들을 연구한 것뿐이었다. 우리는 모든 지혜가 오감에서 오기 때문에 하나님의 계시와 믿음은 존재할 수 없다고 가르친 영국 철학자 존 로크의 글을 읽었다. 나에게 이 말은 어리석은 소리에 불과했다. 나는 모든 사람에게는 자신의 기원과 과거와 영원한 미래가 있음을 알기 원하는 무언가가 있다는 사실을 알았다. 이는 그저 감각적인 지각으로는 만족할 수 없는 것이었다. 이후, 나는 학교 교육이 어떻게 될지 주의 깊게 연구를 하면서 철학, 논리, 인식론(criteriology), 형이상학, 합리주의 심리학이 우리로 하여금 '망할 개신교도'를 끝내 버릴 수 있게 해줄 것이라는 말을 들었다. 이 말이 나에게 힘이 되었다. 그렇다면 나는 대찬성이다.

나는 신학을 연구하기를 고대했다. 하나님에 대한 지식과 하나님과 사람 및 우주에 대한 관계에 대한 지식 말이다. 하지만 신학은 우리 훈련 프로그램 제일 마지막에 자리 잡고 있었다. 나는 마음속으로 의아해했다. "왜지?" 왜 이 과목을 마지막 해에 둔 거지? 나는 성경과 그 가르침에 대해서 더 많이 알기 원했는데 말이다.

이후 브루클라인에서 2년을 보내고 1947년에 홀리 힐에 돌아가게 되었다. 나는 왜 상공회의소가 홀리 힐을 모든 여행자가 '반드시 가봐야 할 곳' 목록에 올렸는지 이해할 수 있었다. 완만한 언덕들, 전원 지역에 점점이 자리 잡은 깨끗하고 단정된 헛간들, 깨끗한 공기, 곳곳에 있는 청명한 호수 등, 그 광경은 사제가 되기 원하는 모든 이들에게 남은 필수 과정인 두려운 철학 수업들을 잠시 잊게 만들었다.

주요 철학 교재는 모두 라틴어로 되어 있었다. 우리가 그렇게 열심히 공부하면서도 시험 때문에 마지막 순간까지 벼락치기했어야 한 것도 당연했다! 나는 시험 시간을 병적으로 두려워했는데, 시험 시간의 명칭은 이에 걸맞게도 '진노의 날'(Dies Irae)이였다. 나는 잘하고 싶은 마음이 강했기에 아침 세 시에 일어나기 위한 특별 허가를 받아 구두시험 및 필기시험을 준비했다. 당시 어느 학생이 사제직에 소명이 있는지를 결정하는 가장 중요한 요소는 신부님들이 일 년에 네 차례 모여 각 학생이 사제가 될 수 있는지를 투표한 결과였다. 각 지원자들의 이름이 그 회의에 제공되었고, 사제들은 자신의 표를 나무로 된 속이 깊은 항아리에 던졌다. 사제직에 적합하다고 생각하는 자들에게는 하얀 공을 던지고 그만 둬야 한다고 생각하는 학생에게는 검은 공을 던졌다. 나는 이곳에서 쫓겨나는 것보다 더 최악의 일을 상상할 수 없었다. 그렇다면 죽지 못해 사는 삶이 될 것이다. 나는 성경 어디에선가 들은 말씀으로 스스로를 위로하기 위해 애썼다. "손에 쟁기를 잡고 뒤를 돌아보는 자는 하나님의 나라에 합당하지 아니하니라"(눅 9:62).

우리의 진척상황은 얼마나 자발적으로 수련을 받느냐, 즉 헌신도, 순종 및 태도, 그리고 학문적 능력에 의해 평가되었다. 우리는 '유일한 참된 교회'에 개종자를 인도하기 위한 가장 적합한 능력은 논리라고 배웠다. 예를 들어 우리가 "사람이 죽은 후에 살아나겠습니까?"라는 질문을 받으면 우리는 우리의 믿음과 조화를 이루는 논리로 답해야 하는 것이다. 볼티모어 교리문답과 천주교 성인들의 삶의 이야기는 그러한 질문에 답하기 위해 필요한 연역 논리의 중요한 기초가 되었다.

나는 당시에도, 그리고 지금도 논리를 통한 해답은 가지고 있지 않다. 하지만 나는 철학이 매우 발전된 논리의 기술이며, 신앙조차 그에 따라 형성되거나 수정될 수 있는 도구라고 생각한다. 때로 철학은 진리에 빛을 비추기도 한다. 또한 그만큼 진리를 마비시키기도 한다. 독일의 철학자 프리드리히 니체의 가르침은 히틀러에게 엄청난 영향력을 미쳤고, 그에 따라 히틀러가 다른 민족보다 더 우수한 민족이 있다는 생각을 갖게 된 것이 그러한 대표적인 예이다. 명석한 사람의 손에서 철학은 거의 모든 결론으로 향할 수 있다. 그리고 실제로 그래왔다. 철학은 성 토마스 아퀴나스와 같은 사람이 사용할 때, 거짓 가르침을 조장하고 이교도의 전통과 의식을 성경과 동일한 수준으로 격상시킨다.

18세기 저명한 프랑스 철학자인 볼테르는 위대한 현자로 여겨지는 사람이지만, 그의 가르침은 많은 사람들을 절망하도록 만들었다. 그는 이렇게 선포했다. "만약 하나님이 악을 막을 수 없다면, 하나님은 전능하지 않다. 만약 하나님이 악을 막으시지 않는다면, 하나님은 잔인하다."[7] 그는 인간이 하나님께 하찮고 중요하지 않은 존재라고 생각했다. 그는 한 시에서 이렇게 외친다.

침묵하라! 운명의 책은 우리에게 닫혔다.
사람은 이방인, 죽음에 잡혀 먹을 것.
운명의 장난.
이 세계, 교만과 부정의 이 극장.
행복을 이야기하는 역겨운 멍청이로 가득하네.[8]

따라서 나는 대체로 철학자들이 단순히 인간의 지혜, 사랑, 믿음과 좋은 관계에 있지 않다는 사실을 알아냈다. 오늘날 몇몇 철학자들과 신학자들은 오히려 계시와 희망을 창문 저 너머로 날려 보내는 교리들을 가르친다.

나는 어머니가 필라델피아의 성 베드로와 바울 대성당을 담당하시는 카트라이트 몬시뇰과 나눴던 대화를 들려줬던 기억이 있다. 어머니는 성경을 읽지 말라는 책망에도 불구하고 성경을 읽고 계셨다. 그러던 어느 날 어머니는 이렇게 물어보셨다. "신부님 저는 성경을 계속 읽고 있습니다. 그런데 성경을 읽을 때 성경과 내가 사랑하는 교회가 심각하게 부딪히는 면들을 보게 됩니다."

카트라이트 몬시뇰은 이렇게 말했다. "캐서린, 우리는 그 점

---

7. "The Atheist and the Sage," Ch. IX, in *The Writings of Voltaire* (New York: Wise, 1931), II, p. 175.
8 Quoted by Will Durant, *The Story of Philosophy* (New York: Simon & Schuster, 1953), p. 172.

에 대해 문제가 있습니다. 하지만 교회에 대해서 성경이 '음부의 권세가 이기지 못하리라' (마 16:18)라고 말씀하셨다는 사실을 기억하세요."

이 말씀이 당시에는 위로가 되었지만 어머니는 이 대화를 잊을 수 없으셨다. 왜냐하면 이 말은 교회의 교리가 확실하지 않다는 사실을 보여줬기 때문이다. 후에 어머니는 내게 이렇게 말씀하셨다. "만약 수 세기 후에 교회가 여전히 성경과 교회 전통 사이에 차이점을 해결할 수 없다면, 무언가 잘못된 것이다. 의문의 여지가 없다. 성경이 이렇게 가르치는데 교회가 다르게 가르친다면, 나는 하나님의 말씀을 택할 것이다!"

나는 어머니가 성경을 읽으신다는 사실을 알았다. 비록 그렇게 하시는 것을 완전히 찬성하지는 않았지만 말이다. 교황 레오 13세(1878-1903)는 성경을 개인적으로 해석하는 일에 대해서 경고했다. 따라서 나는 일상생활에 관한 적용에 관해서는 성경을 닫힌 책으로 취급하는 것이 낫다고 생각했다. 나는 어머니에게 두에이 가톨릭 성경(Douay Catholic Bible 1935)의 섹션 V, 즉 '성경의 해석' 부분에 있는 '성경 연구에 관한 회칙'을 사적인 성경 해석에 대한 경고문으로 읽어드렸다.

> 이 진리는 반드시 하나님이 자신의 보물을 두신 곳에서 추구해야만 한다. 또한 성 이레니우스[기원후 140-202]가 이미

가르친 대로, 성경은 사도의 전승에 있는 자가 해석할 때만 위험이 없다. 바티칸 공의회는 기록된 하나님의 말씀을 해석하는 일에 관하여 트렌트 공의회의 교령을 갱신하면서, 이것이 교회와 교부들의 원칙임을 인정했다. 또한 이는 바티칸 공의회의 기본 정신이 되었고, 기독교 교리를 세우는데 속한 신앙과 도덕의 문제에서 성경의 참된 의미로 여겨진다. 또한 성경의 의미와 해석을 판단할 권리가 있는 거룩한 어머니인 교회가 이를 지지해왔고 지지하고 있다. 따라서 어느 누구도 교부들이 만장일치로 합의한 내용이나 그들의 의견에 반대되는 성경해석을 하는 것은 불법이다.

신비적인 특수한 용어와 장황함을 제하고 나면, 이 본문은 천주교도들은 성경에서 읽은 내용 중에 천주교의 가르침에 조금이라도 부합하지 않는 것을 받아들여서는 안 된다는 의미이다. 왜 그러한가? 어떤 이유로 로마의 고위 사제단은 성경을 모호하고 이해할 수 없는 것으로 만들려고 하는가? 성경을 읽는 독자들이 그렇게 무지한가?

천주교도들이 성경을 이해할 수 없다면, 어떻게 '교황들'의 저작은 이해할 수 있는 것인가? 하나님은 성경의 저자들이 알아듣기 쉽게 기록할 능력을 주실 수 없었던 것인가? 물론 그렇지 않다. 그렇다면 천주교회는 그 구성원들이 교회가 얼마나 잘못되었고, 하나님의 말씀으로부터 얼마나 떠나버렸는지 알게 되는 것을 원하지 않는다는 점이 분명하다. 천주교회는 신도들이 먼저 성당을 찾고 난 후에 성경을 찾거나, 아니면 성경을 전혀 찾지 않기를 바란다.

신학교 시절 나 역시 성경에 대한 지식이 매우 부족했다. 나는 그저 미국이 천주교 국가가 되기를 바랐다. 나는 종교의 자유란 개신교도들의 영혼을 영원한 저주로 몰고 가는 끔찍한 실수가 되리라고 생각했다. 나는 믿음, 교육, 도덕, 정치 그 무엇보다도 로마에 충성했다. 나는 천주교회가 천국으로 향하는 열쇠를 쥐고 있으며, 구원에 이르는 길이라고 확신했다. 나는 또한 천주교 사제들과 평신도들을 철저하게 가르치면, 우리가 마침내 미국을 천주교 국가로 만들 수 있다고 믿었다. 우리는 개신교도들을 로마에 복종하도록 만들 것이다!

나는 홀리 힐에서, 그리고 후에 워싱턴에 있는 가르멜 수도회 연수원에서 천주교 신앙과 지식으로 완전히 채워지기를 기도했다. 그래서 주님의 교회를 위한 전사와 같은 사제가 되리라고 생각했다. 나는 하나님께 나를 진리로 인도해 달라고 기도했다.

로마의 신학

미국 가톨릭 대학 근처에 있는 워싱턴의 링컨 로드에는 맨발의 가르멜 수도회 연수원이 있었다. 나는 홀리 힐에서 여기로 보내졌고, 이곳에서 신학 4년 과정을 이수해야 했다. 이는 서품에 이르는 마지막 관문이었다.

나는 신학이 철학보다 쉬우리라 생각했다. 우리 대부분이 그랬다. 하지만 그 복잡함이란 철학에 조금도 뒤지지 않았다. 그럼에도 불구하고 나는 신학이 철학보다 훨씬 재미있고 '영적'이라는 사실을 알게 되었다.

나는 어렸을 때부터 사제들을 또 다른 그리스도이자 하늘의 사절로 여겼고, 그들은 하나님의 거룩한 말씀을 주해하고 설명할 수 있다고 믿었다. 나는 링컨 로드의 학식 있는 사제들과 선생님들이 내 눈에서 무지의 구름을 벗겨 내시리라 확신했다. 신비는 밝혀질 것이고, 선생님들의 복되신 발밑에서 나는 하나님의 말씀의 만나를 받아먹고 하나님의 거룩하신 율법이 성경에서 어떻게 드러나는지를 배울 것이다. 나는 또한 그 말씀을 삶에 적용하도록 배울 것이다. 왜냐하면 나는 예수 그리스도의 은혜로 완벽해지기로 작정했기 때문이다. 하지만 나는 마음속으로 어느 누구도 율법을 온전히 지키는 것이 불가능함을 알고 있었다. 나는 계속

해서 다음 말씀을 생각했다. "누구든지 온 율법을 지키다가 그 하나를 범하면 모두 범한 자가 되나니"(약 2:10).

그렇다면 죄를 멀리하고 하나님 앞에 흠 없게 되려면 나는 무엇을 해야 하는가?

나는 수도원의 엄숙한 분위기 안에서, 또는 사제로 살면 세상과 분리되어 더럽혀지지 않으리라 믿었다. 아니면 순교를 당하면 될 것이다. 교회를 위해서 고문을 당하고 죽임을 당하는 것이다. 그러면 나의 위대하고 고귀한 행위는 영원한 영광을 받을 것이다. 나는 세상적인 욕망을 버렸고 청빈을 사랑했다. 현대 세상과 그 모든 유혹은 올가미이자 망상으로 여겼다. 그래서 나는 율법을 지키기 위해 애를 쓸 것이었다.

나는 "너희는 그 은혜에 의하여 믿음으로 말미암아 구원을 받았으니 이것은 너희에게서 난 것이 아니요 하나님의 선물이라 행위에서 난 것이 아니니 이는 누구든지 자랑하지 못하게 함이라"(엡 2:8-9)는 사도 바울의 영광스러운 말씀을 알지 못했다. 나는 바울 사도가 로마인들에게 보내는 편지에서 기록한 것처럼, 그 이름을 믿는 자들에게 주어지는 구원의 확실성도 알지 못했다. "내가 확신하노니 사망이나 생명이나 천사들이나 권세자들이나 현재 일이나 장래 일이나 능력이나 높음이나 깊음이나 다른 어떤 피조물이라도 우리를 우리 주 그리스도 예수 안에 있는 하나님의 사랑에서 끊을 수 없으리라"(롬 8:38-39).

우리는 성경 전체를 연구하는 것이 아니라, 교령과 교회법과 교부들의 저작을 연구했다. 이는 몇몇 해결하기 어려운 질문들을 낳았다. 예를 들어 세례에 대한 교회법 V는 이렇게 말했다. "세례가 자유로운 것이며 구원에 필수적인 것은 아니라고 말하는 이는 파문할 것이다."[9] 따라서 우리는 그 의미에 대해서 여러 가지 해석을 했다. 그렇다면 세례에 사용할 물이 없다면 어떻게 할 것인가? 잃어버린 영혼이 임종 자리에서 천주교로 개종했다고 하면, 물 대신 우유나 와인 또는 침으로는 세례를 할 수 없는 것인가? 세례 받지 않은 영혼은 세례를 줄 물이 없었다는 이유만으로 영원한 지옥에 가는 것인가? 또는 참호에 있는 상처 입은 군인이나 침몰하는 배에서 급작스러운 죽음을 맞게 된 선원은 어떤가? 마지막 숨을 내쉬며 "주님 저에게 자비를 베풀어 주십시오. 저의 죄를 용서해 주십시오."라고 외쳤어도 세례를 받지 못했으면 지옥의 영원한 불꽃으로 향할 수밖에 없는 것인가?

우리가 그 해답을 찾아 성경을 찾아보지 않았던 것은 참으로 불행한 일이었다. 예수님께서 두 강도 사이 십자가에서 죽으실 때에도, 성경은 한 사람은 "이르되 예수여 당신의 나라에 임하실 때에 나를 기억하소서 하니 예수께서 이르시되 내가 진실로 네게

---

9. The Canons and Decrees of the SAcred and Ecumenical Council of Trent, trans. J. Waterworth (Chicago: Christian Symbolic Publication Society, [1848]), p. 82.

이르노니 오늘 네가 나와 함께 낙원에 있으리라 하시니라"(눅 23:42-43)고 기록한다. 따라서 세례는 구원에 필수적인 것이 될 수 없다.

세례를 받지 못하고 죽은 어린 아이는 어떠한가? 그 아이도 구원받지 못하는가? 마태복음은 예수님께서 어린 아이를 자신에게 부르시고 이렇게 말씀하셨던 사건을 기록한다. "그러므로 누구든지 이 어린 아이와 같이 자기를 낮추는 사람이 천국에서 큰 자니라 또 누구든지 내 이름으로 이런 어린 아이 하나를 영접하면 곧 나를 영접함이니"(마 18:4-5). 하나님은 의로우시다! 성경은 말한다. "주 하나님 곧 전능하신 이시여 하시는 일이 크고 놀라우시도다 만국의 왕이시여 주의 길이 의롭고 참되시도다"(계 15:3). 어린 아이들은 하나님이 베푸시는 사랑의 돌봄으로 돌아가게 된다.

성경은 여러 차례 그리스도의 피를 제외하고는 그 어느 것으로도 사람의 죄를 씻을 수 없다고 분명히 말한다. 교회에 걸어 들어가 예배에 참석했다고 그 사람이 구원받는 것이 아닌 것처럼, 물로 베푸는 세례가 사람을 구원하는 것이 아니다. 중요한 것은 그리스도를 영접하는 것이다.

또한 우리는 두 가지 종류의 죄, 즉 소죄(venial sins)와 대죄(mortal sins)를 논하는 데 많은 날을 보냈다. 아무도 소죄가 정확히 무엇인지 정의하지 못했다. 다만 소죄란 성찬식을 금할 정도로 심각하지 않은 죄라고 했다. 하지만 소죄를 고해하지 않는다면, 이 죄로 인해 죽음 후에 연옥에서 보내야 할 시간이 더해지게 된다. 예를 들어 '선의의 거짓말'은 기껏해야 소죄에 불과하다고 한다. 이는 거짓말을 할 때, 특히 회피의 목적으로 심중 보류(mental reservation)를 했을 때에도 그렇다는 것이다. 따라서 사람은 그저 스스로에게 이렇게 이야기하면 된다. "나는 정말로 그렇게 하려고 한 건 아니었어." 누군가 법정에서 진실만을 말하겠다고 선서하였어도 그 거짓말을 걸리지 않거나, 자신이 진실을 전부 이야기함으로써 손해를 받을 수 있다고 생각하면 진실을 말하지 않아도 되는 것이었다.

우리는 절도와 저주에 대해서도 논했다. 그러한 행동은 죄인가? 우리는 종이 고용주에게서 적은 양을 훔치는 것은 소죄라고 배웠다. 또한 훔쳐서 교회에 주려고 하는 것도 소죄라고 배웠다. 그리고 다른 사람의 개인 소유물은 저주할 수 있지만, 다른 사람을 저주하는 것은 대죄라고도 했다.

대죄는 성찬식 참여를 못하게 하고, 고해를 하지 않으면 지옥의 불에 빠질 위험에 처하도록 만드는 죄다. 대죄의 목록은 거의 끝이 없을 지경인데, 첫 배우자가 살아 있는데 다른 사람과 결혼을 한다거나 신앙 조항을 거부하는 것도 대죄에 포함된다. 신앙 조항이란 트렌트 공의회에서 발간된 것, 교황 무류성을 부인하는 것, 한 주 이상 고의로 미사를 빼먹는 것 등이다. 간음은 대죄이지만, 간음을 저지른 자가 고해를 하면 용서를 받을 수 있다. 그리고 후에는 이 행위를 없었던 것이라고 주장할 수 있다. 한 번 용서 받으면 그 일은 마치 일어나지 않았던 일처럼 사라지기 때문이다.

인노첸시오 3세(1198-1216)는 "대죄의 고통 아래 있는 신실한 자는 적어도 일 년에 한 번 사제에게 자신의 죄를 고해해야 한다."고 선포했다.

천주교회가 죄를 다루는 방식은 은행에서 금융 거래를 하는 것과 유사하다. 한 사람이 죄를 저지르면, 그는 그만큼 자신의 계좌에서 하나님의 사랑과 자비를 인출하는 것이다. 당좌대월의 설정액은 그 죄가 얼마나 중한지에 달려있다. 그는 고해를 하러 가서 사제로부터 일정 부분은 용서를 받을 수 있다. 이는 물론 하나님의 자비를 다시 공급받는 행위이다. 이 공급원은 절대로 부족하지 않은데, 특히 죄인들을 위한 공로와 은혜의 특별한 원천인 마리아에게 호소할 때는 더욱 그러하다. 성 안셀름(1033-1109)은 심지어 이렇게까지 말했다. "때로 우리는 예수님의 이름에 비는 것보다 마리아의 이름에 빌 때 더 빠르게 구원을 얻는다."[10] 천주교 교리는 그리스도가 마리아의 말을 듣는다고 한다. 그 이유는 마리아가 하나님의 어머니이기 때문이다. 따라서 사람들은 마

---

10. Quoted by St. Alphonsus Maria de Ligouri, *The Glories of Mary* (Baltimore: Helicon, 1962), I, p. 164.

리아에게 하나님과 사람 사이에 중보자로 서달라고 청하는 것이다. 이것이 50개의 '성모송(Hail Mary)'이 있는 묵주 기도가 담고 있는 내용이다.

> "은총이 가득하신 마리아님, 기뻐하소서. 주님께서 함께 계시니 여인 중에 복되시며, 태중의 아들 예수님 또한 복되시나이다. 천주의 성모 마리아님, 이제와 저희 죽을 때에 저희 죄인을 위하여 빌어 주소서. 아멘."

하늘의 여왕을 숭배하는 전통은 이교도에 기원을 둔 것으로, 이러한 거짓 종교는 예레미야 44장 25절에서 격렬히 배격한 것이었다. 전체 성경 중 어느 한 구절도 마리아를 하늘의 여왕으로 칭하지 않았다. 동정녀 마리아 스스로도 이렇게 노래했다. "내 영혼이 주를 찬양하며 내 마음이 하나님 내 구주를 기뻐하였음은"(눅 1:46-47). 마리아가 여자 중에 '복을 받은' 자인 것은 분명하지만, 마리아 역시 다른 모든 사람과 마찬가지로 구세주를 필요로 하는 존재이다. 마리아는 중보자가 될 수 없다. 왜냐하면 오직 그리스도만이 하나님과 사람 사이의 중보자가 되시기 때문이다(딤전 2:5). 오직 하나님만이 죄를 사하신다. 성경은 우리에게 말한다. "그러므로 우리는 긍휼하심을 받고 때를 따라 돕는 은혜를 얻기 위하여 은혜의 보좌 앞에 담대히 나아갈 것이니라"

(히 4:16). 여기에 아무 것도 더하거나 제할 필요가 없다. "그는 우리 죄를 위한 화목 제물이니 우리만 위할 뿐 아니요 온 세상의 죄를 위하심이라"(요일 2:2).

사람들은 엉망인 이 세상에서 권위를 사랑한다. 많은 이들이 표적, 사람, 형상, 대성당, 화려한 예복, 눈으로 볼 수 있고 손으로 만질 수 있는 외적인 것들을 구한다. 하지만 이러한 것들이 아무리 아름답거나 거룩하게 보인다고 하더라도, 우리의 구원에 관한 문제에 한하자면 아무 값어치가 없는 장식품에 불과하다. 성경은 말한다. "오직 의인은 믿음으로 말미암아 살리라."

우리에게 신학 연구란 종종 두려운 일이었다. 교황과 그의 교회가 지닌 엄청난 능력들에 대해서 여러 이야기를 하다가, 또는 교회의 교령과 신조에 대해서 너무 자세하게 상급자들에게 캐묻다가 그들을 불쾌하게 하는 죄를 범할까 두려웠기 때문이었다. 왜냐하면 천주교회의 주장이 아무리 괴이하게 들려도, 그 어느 것에 대해서도 거부하거나 비난하는 자에게 해당하는 '파문'이 말 그대로 수백 가지가 있었기 때문이었다('파문'이란 저주를 받고, 천벌을 받고, 출교를 당하고, 지옥으로 넘어간다는 뜻이다.).

교황의 무류성 교리에 이르러서 우리는 교황의 엄청난 권위에 더욱 강력한 인상을 받았다. 교황이 성좌선언(ex cathedra), 즉 공식적인 교회의 수장 자격으로 말을 하면 교황은 "무류성을 지니게 되는데, 이는 거룩한 구세주가 자신의 교회가 신앙이나 도덕에 관해 교리를 규정할 때 부여하기로 작정하신 것이다."[11] 1870년, 제 1차 바티칸 공의회 기간 중에 교황 비오 9세는 이렇게 선포했다. "예수께서 이르시되 내가 곧 길이요 진리요 생명이니 나로 말미암지 않고는 아버지께로 올 자가 없느니라." 그러자 사람들은 환호했다. "만세 비오 9세, 무류하신 교황이여!"(Viva Pio Nono[IX], Papa infallible!). 교황 비오가 이 말을 하자 엄청난 바람이 불더니, 짙은 어둠이 로마시를 덮었다고 한다. 또한 천장의 깨진 유리 사이로 물이 흘러내려 교황 근처에 물이 튀겼다고 한다. 어떤 이는 이 사건을 모세가 시내 산에서 율법을 받은 사건에 비유했지만, 많은 사람들은 이 돌풍을 하나님의 진노의 표적으로 봤다.

우리는 성체(Host), 즉 천주교도들이 성찬식을 하며 받는 전병에 관해 믿기 어려운 사실들도 배웠다. 지극히 거룩한 「성체성사에 관한 교회법 I」은 이렇게 말한다. "지극히 거룩한 성체성사에 참으로, 사실적으로, 실제적으로 그 몸과 피가 우리 주 예수 그리스도의 영혼 및 신성과 함께 포함된다는 것, 이에 따라 그리스도의 전부가 성체 성사에 임한다는 사실을 부인하고 그리스도는 그 안에 오직 상징, 형상, 효능만으로 존재한다고 하는 자는 파문을 당할 것이다."[12] 다른 말로 하자면 우리는 사제가 전병 위

---

11. Vatican I, quoted by Rahner, p. 229.
12. *Dogmatic Canons and Decrees* (Rockford, Ill.: Tan Books), p. 82.

를 맴돌며 "이것이 내 몸이니라"고 말을 해야 그것이 실제로 그리스도의 육체가 된다고 배웠던 것이다. 마찬가지로 사제가 "이것이 내 피니라"고 말을 해야 포도주는 실제 그리스도의 피가 된다는 것이다. 예수님이 "이것은 내 몸이니라 … 이것이 내 피니라"고 말씀하신 것은 사실이다. 하지만 이는 "나는 참포도나무요 내 아버지는 농부라"(요 15:1)는 말씀처럼 비유적으로 말씀하신 것이 분명하다.

때로 소위 '전병-신'(wafer-God)이라고 하는 이 제병에 대한 신조는 이상한 행동을 낳았다. 예를 들어 성찬식 빵이 떨어졌는데 쥐나 다른 동물이 그 조각을 낚아채 가버렸다면, 그 사제는 40일 동안 고행을 해야 한다. 포도주를 성찬식 중에 쏟으면 그 사제는 혀로 그것을 다 핥아먹고, 성작 수건(Purificator)이라고 하는 특별한 천으로 닦아야 한다. 또한 사제가 그 성찬식 빵과 포도주를 다 먹은 후에 토를 한다면 그 토사물을 다 먹을 것을 권장한다. 물론 민망한 장면을 연출하지 않는 방법으로 할 것을 권한다. 그 대안으로는 토사물을 태워버리는 것이 있다. 이런 일들은 많이 일어났다. 나도 흔들리는 전함에서 미사를 드린 후에 뱃멀미를 심하게 했던 한 사제를 기억한다.

19세기 위대한 영국의 설교자였던 찰스 H. 스펄전은 이렇게 말했다. "소위 성체성사라고 하는 것을 숭배하는 일은 애굽인들이 자기 뒤뜰에서 기른 양파나 다른 향신료 채소를 예배하는 것만큼 악독한 우상숭배다."[13]

오늘날 미국의 여러 수녀원에서 전병을 준비하고 만드는데, 전병은 성체 안치기라고 하는 금이나 은으로 된 용기에 둔다. 그리고 모두가 볼 수 있도록 제단 위에 보관한다. 수녀들은 날마다 이십사 시간 내내, 차례대로 제단 앞에 무릎을 꿇고 이 제병을 공경한다.

1952년, 내가 신학 공부 2년차였던 스물일곱 살 때, 세 가지 중요한 명령을 받았다. 그 중 하나는 나를 차부제(subdeacon)로 임명한다는 것이었는데, 이 직책은 2차 바티칸 회의 이후로는 사라지고 만다. 이 명령에 따라 이제 나는 사물을 축복할 수 있었다. 그래서 나는 워싱턴 D. C.에 보이는 모든 것을 축복하며 다녔다. 워싱턴 기념탑, 링컨 기념관, 그 외에 수많은 장소들을 축복했다. 나는 또한 이제 공식적으로 로만 칼라를 착용할 수 있었다. 나는 다른 가르멜 수도회 수사들과 함께 도시를 오랫동안 걸어 다녔다. 바로 '칼라'를 뽐내고 싶었기 때문이었다. 아마 이보다 개인적인 만족감을 주는 일은 거의 없을 것이다. 나는 지나다니는 천주교도들의 눈에서 경의와 존경의 빛을 읽을 수 있었다.

나는 서품을 받기 마지막 해, 방에 임시 제단을 만들어 미사 집전을 연습했다. 당시는 지금보다 과정이 훨씬 복잡했기 때문이

---

13. "On Whose Side Are You?" *The Metropolitan Tabernacle Pulpit* (Pasadena, Texas: Pilgrim, 1972), XXXVI, p. 214.

기도 하지만, 나에게는 빵과 포도주를 '영화된' 그리스도의 몸과 피로 바꾼다는 명예가 너무나 무겁게 느껴졌기 때문에 흠 없는 미사를 드리려고 작정했던 것이었다. 나는 모든 지시문과 의식을 통달하여 '그리스도가 최후의 만찬 때 하신 것처럼 집전'하고 싶었다. 나는 일 년 내내 날마다 이 의식에 필요한 모든 동작을 재현했다. 나는 미사를 집전하는 신부로서 다락방에서의 마지막 식사, 동산에서 경험하신 고뇌, 배신, 재판, 십자가형, 죽으심, 매장, 부활까지 그리스도가 경험하신 모든 것을 재현했다. 이는 한 시간 남짓한 시간과 제한된 공간에서, 고난주간에 벌어진 많은 일을 자세하게 재현한 한 편의 드라마였다.

미사에는 십자가의 표식을 하는 동작 열여섯 번, 눈을 들어 하늘을 보는 동작 열한 번, 제단에 입 맞추는 동작 여덟 번, 손을 모으는 동작 네 번, 가슴을 치는 동작 열 번, 머리를 숙이는 동작 스물한 번, 무릎을 꿇는 동작 여덟 번, 어깨를 굽히는 동작 여덟 번, 십자가의 표식으로 제단을 축복하는 동작 서른 번, 손을 제단에 대는 동작 스물아홉 번, 혼자서 기도하는 것 열한 번, 소리를 내어 기도하는 것 열세 번, 빵과 포도주를 쥐고 이를 그리스도의 몸과 피로 바꾸는 것, 성배를 가렸다가 보이는 동작 열 번, 앞뒤로 왔다 갔다 하는 동작 스무 번이 수반되었다. 내가 이를 굳이 말하는 것은 이 의식에 수반되는 세부적인 사항이 얼마나 복잡한지를 보여주기 위함이다.

제 2차 바티칸 공의회 이후에 미사는 상당히 간소화 되었다. 하지만 그 당시만 해도 모든 라틴어와 그 다양한 억양을 통달해야 했고, 그것도 은혜롭게 해야 했다. 이는 말 그대로 수백 시간의 연습을 필요로 했다. 나는 너무나 많은 '모의' 미사를 집전했기 때문에, 실제로 미사를 할 때에도 모든 움직임을 완벽하게 통달하고 거룩함과 위엄이 넘치는 분위기를 자아낼 수 있었다. 이는 정말로 영광스러웠다. 내가 하나님의 사제가 되었다니! 트렌트 공의회의 교령에 따라 교황이 이를 보장한 것이다.

서품 받을 날이 다가오면서 나는 불의의 사건이 일어나는 것이 아닌지 두려웠다. 예를 들어 차사고가 생겨서 서품을 받을 수 없게 되면 어쩌나 하는 생각이 들었던 것이다. 내가 곧 사제가 된다니, 믿을 수 없을 정도로 너무 좋았다. 11년 동안 날마다 되풀이했던, "나는 바란다, 나는 할 수 있다, 나는 될 것이다!"가 마침내 끝나가고 있는 것이었다. 사제직 보다 더 중요한 것은 없었다. 가족도, 친구도, 그 어느 것도 더 중하지는 않았다. 나는 준비해왔고, 이제 준비가 된 것이었다.

서품을 받다

1953년 6월 6일은 내가 그토록 기다리던 날이었다. 바로 워싱턴 D. C.에 있는 마리아의 원죄 없는 잉태 성당(Shrine of the Immaculate Conception of Mary)에서 서품을 받는 날이었다.

나의 마음은, 불가능한 꿈이 실현되었다는 형언할 수 없는 기쁨과 감사함으로 가득했다. 나는 '멜기세덱의 반차를 따라' 사제가 될 것이고, 그것도 '지극히 높으신 하나님의 사제'가 될 것이다. 이 의식 동안 나의 요청에 따라 그리스도께서 직접 임하실 것이다. 빵과 포도주가 실체변화(transubstantiation)됨에 따라 그리스도의 몸과 피는 나의 소유물이 될 것이다. 그 순간, 나는 그리스도와 동등하게 되고 천사들보다 훨씬 높이 격상되어 무엇보다 거룩한 의식을 행할 것이다.

바로 그 영광스러운 아침, 사제 서품 후보자 스무 명이 성당에 도착했다. 도미니크회 수사, 아우구스티누스회 수사, 프란치스코회 수사, 카푸친회 수사, 예수회 수사, 삼위일체 수도회 수사, 요셉회 수사, 오블라띠 선교수도회 수사들이 있었다. 나는 유일하게 맨발의 가르멜 수도회 수사였다. 부제의 예복을 입은 우리는 이 행사를 기념하기 위해 모인 큰 무리 사이로 엄숙하게 행진하며 입장했다. 그 무리 중에는 친구들과 친척들도 있었지만, 나에게는 다른 모든 방문자들보다 어머니와 동생이 더욱 소중했다. 맥나마라 주교가 미사를 시작했다. 부주교가 우리를 앞으로 불렀고, 우리는 반원 형태로 주교 앞에 무릎을 꿇었다.

우리는 부주교께 아무도 잘못된 이유로 서품을 받아서는 안 된다는 경고를 들었다. 그런 후에 주교는 우리에게 개인적인 삶으로 사람들의 본이 되고 하나님을 기쁘시게 해야 하는 책임이 있다고 말씀했다. 설교와 삶의 본으로써 하나님의 집을 세워 나가야 한다는 것이었다. 또 우리에게 이런 말씀을 했다. "사제는 성찬을 베풀고, 축복하며, 인도하고, 설교하며, 세례를 주기 위해 서품된다. 따라서 그는 지극한 경외함으로 높은 수준의 삶을 향해 나아가야 한다."[14]

그리고 우리는 무릎을 꿇고 있던 바닥에 배를 대고 엎드렸다. 그러자 성인호칭 기도(Litany of the Saints)가 들려왔다. 우리는 침묵 가운데 다시 주교 앞에 무릎을 꿇었고, 그러자 주교와 다른 사제들이 우리 머리에 손을 얹었다. 주교와 사제들은 오른손을 뻗어 우리 머리에 안수했고, 주교는 서품 기도를 낭독했다.

다음에는 우리 손을 하얀 천으로 감싸고 축성했다. 이 의식은 사제로서 우리가 그리스도의 이름으로 신성한 사물들을 축복하고 축성한다는 상징으로, 우리 인간의 손으로 우리 주님의 몸이자 피가 된다고 믿는 제병도 줄 수 있게 되었다는 의미가 있었다.

---

14. *The Ordination of a Priest* (Paterson, N.J.: St. Anthony Guild Press, 1940), p. 10.

바로 그 순간 우리는 죽은 자와 산자를 위해 미사를 집전하며 하나님께 성찬을 드릴 수 있는 능력을 부여 받은 것이었다. 이 순간부터 우리는 공식적으로 로마가톨릭 사제로 서품을 받은 것이었다. 그러고 나서 우리는 주교와 함께 미사를 집전했다.

의식이 다 마무리 되고, 주교는 마지막 말씀을 했다. 그러면서 우리가 소속된 수도회를 정중히 존중하고 이 순간부터 사제로서 다음 사항을 기억하라고 일깨웠다. "성직의 최고 직책에 있는 우리는 반드시 참으로 하나님이시자 참으로 인간이신 예수 그리스도의 본을 따라 살도록 해야 하며, 미사라는 희생제사 중에 우리가 그리스도와 하나가 되어 다시 한 번 그의 몸과 피를 베풀어 속죄를 이룬다는 사실을 명심해야 합니다." 또한 고해 성사 중에는 우리가 하나님과 하나가 되어 하나님으로부터 죄를 용서하는 능력을 받는 것이라고 다시 한 번 일깨워주었다. 심지어 우리는 일상생활에서도 인자(Son of Man)처럼 되어 스스로를 '하나님의 종들의 종'(*Servus servorum Dei*)인 교황과 같이 여겨야 한다고 했다. 우리는 첫 미사를 드린 후, 또 다른 세 번의 미사를 드려야 한다고 교육을 받았다. 첫째로 성령님, 둘째로 '영원히 동정'이신 복 있는 마리아, 그리고 세상을 떠난 이들을 위한 미사였다. 의식은 요한복음 1장을 읽는 것으로 마무리되었다.

마침내 사제라니! 웅장한 성당 바깥에는 어머니, 동생, 급우들, 친구들, 친척들이 땅에 무릎을 꿇고, 방금 전에 도유를 받아 그리스도와 끊을 수 없는 결합을 맺게 되었음을 전 세계에 전하는 내 손바닥에 입을 맞추었다. 교회에 따르면 이 입맞춤은 백일의 대사(indulgence)에 해당했다.

이 잊을 수 없는 날로부터 많은 세월이 흘러갔고, 내 삶에도 많은 기쁨과 슬픔이 있었다. 하지만 나는 구원의 방편을 베푸는 사제의 능력으로 옷 입었다는 사실을 깨달으며, 엄숙하고 조용하게 하나님을 관상(contemplation of God)했던 기억을 절대 잊을 수 없다. 또한 저명한 프랑스의 웅변가이자 사제인 라코르데르의 말을 생각하면, 내면에서 깊은 만족감이 올라왔다. "세상 가운데 살지만 그 즐거움에 욕망을 품지 않으며, 모든 가족의 일원이 되지만 그 어디에도 속하지 않으며, 모든 고난을 공유하며, 모든 비밀을 통찰하며, 모든 상처를 치료하며, 날마다 사람에게서 하나님께로 가며, 하나님에게 사람들의 경의와 탄원을 올려드리며, 사람에게 하나님의 용서와 희망을 전하며, 순결에 대해서는 청동과 같은 마음을 지니며, 가르치고 지시하며, 용서하고 위로하며, 축복하고 또 영원히 축복받으리! 오 하나님! 이 얼마나 멋진 삶인지요, 이 삶은 당신의 것입니다. 오 예수 그리스도의 사제여!" 이 말씀은 아름다웠고, 나를 거의 최면에 빠지게 했다.

다음 날 아침 나는 링컨 로드에 있는 가르멜 수도회 예배당에서 첫 미사를 집전하였고, 이는 그때까지 내 삶에서 최고의 순간이었다. 동생 폴이 미사를 도왔고, 나는 모든 면에 완벽하게 맡은 임무를 다했다. 나는 예식 가운데 거룩함과 은혜의 기운이 돌기를 원했다. 미사를 한다는 것은 하나님을 소유하는 것이며, 교회를 소유한다는 것은 천국을 소유하는 것이다. 미사는 그리스도였으며, 그리스도는 미사였다. 남은 생애동안 내가 몇 마디 말을 함으로써 날마다 그리스도를 하늘로부터 이 땅에 모시고 올 수 있다는 생각이 들자, 나는 감사의 즐거움으로 취했다. 내가 그리스도를 그렇게 자유롭게 다룰 수 있고, 다른 이들에게 그리스도를 내세울 수 있다니! 하나님의 교회에서 내가 이러한 권위와 능력이 있다는 생각에 나는 우쭐했다. 나는 내가 바라던 모든 것의 정점에 있었다. 그리고 나는 모든 천주교도들을 위해 그리고 내가 '어머니 교회'로 인도할 모든 이들을 위해 이 능력을 행사하기로 맘먹었다.

새로운 사제는 자신의 고향 교구에 가서 첫 장엄 미사를 부르는 것이 전통이었다. 이는 내가 필라델피아의 성 베드로와 바울 성당에 돌아가야 한다는 뜻이었다. 이 축하 행사와 함께 있을 잔치에 초대하는 초청장이 수백 장 발송되었다. 친구들, 친척들, 사제들, 수녀님들이 참석하셨다. 성당의 주임 사제이자 나에게 사제가 되도록 강력하게 권하신 카트라이트 몬시뇰이 부제로 나를 도우셨다. 나와 친한 두 명의 가르멜 수도회 사제들도 나를 도왔다. 신학과 수도원 시절 내내 매우 친하게 지낸 가르멜 수도회 친구인 윌리엄 맥나마라 신부가 말씀을 전했다. 설교 주제는 '열정' 이었는데, 그는 내가 사제직을 준비하며 내내 보인 열정에 대해서 이야기했다.

미사가 진행되면서 나는 그 아름다움과 장엄함과 영광에 사로잡혔다. 나는 어린 소년시절 갈라거 신부님과 맥베이 신부님이 찬양하시는 목소리를 들으며 자랐다. 그런데 이제는 내가 그렇게 하고 있는 것이었다. 내 목소리가 거대한 대성당의 기둥들과 아치에 닿는 소리를 듣고 있자니 실감이 나지 않았다. 누군가는 내가 미사 중에 대영광송과 사도신경을 찬양할 때는 얼어붙은 것 같았다고 이야기했다. 어쨌든, 나는 그리스도의 죽음의 희생 제사를 진행했다. 천사도 미사를 드리지 못한다고 했다. 나는 내가 성찬식 가운데 하나님을 인류에게 베푼다고 믿었다. 나는 하나님의 자리를 내가 대신한다고 믿었다.

몇 주간의 휴가를 마치고 나는 워싱턴 D. C.에 돌아와 신학 공부의 마지막 해를 맞았다. 나는 열심히 노력했다. 더 이상은 두렵지 않았다. 왜냐하면 이미 내가 사제이고, 비록 구두시험이나 필기시험에 탈락한다고 해도 그 누구도, 그 무엇도 사제직을 나에게서 앗아갈 수 없다는 사실을 알았기 때문이다. 하지만 나는 시험도 잘 치렀고, 이제는 설교를 하고 고해성사를 받을 수 있는 허가도 득했다.

이제, 나는 사제가 된 것이다.

"인도에서 보낸 바로 그 시기에 더욱 분명하게 하나님의 말씀을 알리는 영광스러운 특권과 축복을 이해하게 되었습니다. 그리고 육군에 많은 기회가 있음을 알았습니다. 더욱이 '천하 사람 중에 구원을 받을 만한 다른 이름을 우리에게 주신 일이 없음이라'는 사도 바울의 말씀은 세상의 문제들을 목격하면서 내 마음을 더욱 담대하게 했습니다. 이 말씀은 내 삶의 가장 중요한 영적 동력이 되었습니다."

PILGRIMAGE
FROM ROME

마침내 찾은 진리

3

사역과 고뇌

독신과 고해성사

필리핀으로 …

진리를 향하여 난 창

독신과 고해성사

타는 듯이 더운 워싱턴 D. C.의 어느 오후였다. 나는 급하게 예배당에서 고해성사를 받으라는 호출을 받았다. 나는 그 사람이 누구인지 전혀 몰랐다. 물론 알 수도 없게 되어 있었다. 하지만 나는 궁금할 수밖에 없었다. 남자일까? 여자일까? 아니면 어린이일까?

고해실로 향하여 가는 길에 불안한 느낌이 나를 엄습했다. 이는 실제 고해성사라고! 갑자기 불편한 마음이 들었다. 내면에 무언가가 속삭였다. "무슨 권리로 네가 이 사람의 가장 은밀한 비밀을 듣는 거지? 무슨 권리로 단지 사람이며 죄인에 불과한 네가 죄를 용서하는 거지? 어떻게 네가 하나님의 자리를 대신할 수 있지? 어떻게 회개하는 죄인이 네게 오지 않으면 하나님이 그 죄인의 목소리를 듣지 않는다는 게 가능하지?"

나는 고해 내용이 사소한 일이기를 바랐다. 어쩌면 소죄의 고해성사일 수도 있고, 이미 고해성사를 했던 죄에 대해서 회한을 표출하는 것일 수도 있다. 그러한 일도 종종 있는 일이었기 때문이다.

성당으로 급하게 가면서, 어떤 일도 나를 놀라게 할 수는 없다고 스스로에게 계속 말했다. 사람은 인간이다. 사람은 죄를 짓는다. 그들은 용서를 필요로 하며, 나의 의무는 듣고, 질문하고, 용서하는 것이다. 나는 이것이 죄인을 향한 그리스도의 자비와 사랑을 보여주는 수 없이 많은 기회 중 첫 번째에 불과하다는 생각으로 용기를 냈다. "어떤 일에도 놀라지 않겠어! 어떤 일에도 놀라지 않겠어!" 나는 계속해서 말했다. 홀리 힐의 피정 지도자(retreat master)는 16세기 가르멜 수도회 수사인 십자가의 요한을 인용하여 이런 말씀을 하셨다. "성인은 절대로 평정심을 잃지 않는다." 또한 그 피정 지도자분은 성 어거스틴이 고해성사를 "사제의 가장 위험한 임무"라고 설명한 말도 인용했다. 나는 기도를 드렸다. "주님, 저는 성인이 되기를 원합니다. 어떠한 고해에도 감정이 상하지 않게 해 주십시오."

고해실 중간에 자리를 잡고 있으니 내가 하나님의 자리에 있다는 느낌이 들었다. 나는 그분의 중보자가 된 것이었다. 그 순간 나는 사도직이라는 로마의 시스템이 내게 그러한 능력을 주었다는 점에 자부심과 더불어 겸손함을 느꼈다. 나 브루어 신부는 안수를 통해 이미 사제가 되었다.

내가 고백자와 나를 막고 있는 불투명한 차단막을 가리고 있던 문을 열어젖히자 저편에서 한 남자의 목소리가 들려왔다. "강복하소서. 고백한지 2주 됩니다. 전능하신 천주와 평생 동정이신 복되신 마리아와 복된 미카엘 대천사와 복된 요한 세례자와 거룩한 사도 베드로와 바오로, 그 밖의 모든 성인과 사제께 고백하오니 생각과 말과 행위로 죄를 많이 지었나이다. 제 탓이요. 제 탓이요. 저의 큰 탓이옵니다." 그 사람은 용서를 구하는 공식 기도인 고죄경의 첫 부분을 되풀이하더니 이렇게 말했다. "저는 천주교 사제 입니다. 그리고 이것이 저의 죄입니다."

내 심장이 뛰기 시작했다. 그리고 순간 머리가 빙빙 도는 것 같았다. 내 첫 고백자가 사제라니! 하나님을 모욕한다는 두려움만 아니었다면 달아나버렸을 것이다.

그 뒤에는 장황하면서도 생생한 성관계에 대한 이야기가 계속해서 흘러나왔다. 그의 고해는 유혹을 당했고, 곧 그 유혹을 극복했다는 내용이었다. 고해를 듣는데, 나는 그가 자신이 성관계를 맺었던 내용을 설명하는 것을 즐기고 있다는 느낌을 감출 수 없었다. 불신감이 몰려왔지만 "성인은 절대로 평정심을 잃지 않는다!"는 말을 기억했다. 하지만 이야기가 계속되면서 그도 점차 뉘우치는 것 같았고 나도 그에게 연민을 느끼기 시작했다. 나는 어느 순간부터 불분명한 점을 그에게 물어야만 하겠다는 사실을 깨닫게 되었다. 그래야만 그의 죄의 경중을 밝혀내고 그에게 어떤 보속 행위를 내려야 하는지 잘 판단할 수 있었기 때문이었다. 그래서 어느 순간 나는 물었다. "당신이 유혹한 여인 중에 결혼한 여인도 있었나요?" 나는 묻지 말았어야 했다. 그는 그중 몇몇은 유부녀라고 했다.

나는 그에게 아무 것도 물을 수 없었다. 나는 혼란에 빠졌다.

나는 심지어 이 사람이 '가짜 사제'이거나, 마귀가 나를 시험하는 끔찍한 장난은 아닌가 생각했다. 나는 거의 그가 내가 누구인지 알고 있으며, 그래서 고해가 끝나면 나를 비웃을 것이라고 생각하기에 이르렀다.

아마도 몇 시간은 지난 것 같았다. 그리고 그의 고해도 끝났다. 나는 그에게 보속을 지시하였고, 그를 사죄했다. "나는 성부와 성자와 성신의 이름으로 용서합니다. 아멘."[15]

이 첫 고해는 분명히 내게 스파르타식의 자기 수양이 필요함을 일깨워주었다. 나는 그 어느 때보다 나의 감각을 부정해야겠다고 마음먹었다. 나는 육체의 고행을 행하고, 자아에 대하여 죽고, 하나님 앞에 바르게 걷기 위해서라면 무엇이라도 할 생각이었다. 나는 하나님의 도움을 받아 그러한 유혹에 절대로 넘어가지 않아야겠다고 다짐했다. 하지만 후에, 내가 의식도 하지 못한 순간에 이러한 생각이 들었다. 간음이 그렇게나 쉬운 것인가? 나는 간통, 간음이 굉장히 드문 죄라고 생각했었지만, 그때가 되어서야 이러한 죄가 굉장히 만연하고 평범한 죄라는 사실을 깨닫게 되었다. 나는 내가 얼마나 순진했는지 깨달았다. 잊고 싶었지만 잊을 수 없었다. 나의 순진함과 무지함이 나를 괴롭게 했다. 그래서 나는 스스로를 합리화하기 시작했다.

---

15. Ludwig Ott, *Fundamentals of Catholic Dogam*, ed. James Canon Bastible, trans. Patrick Lynch (Rockford, Ill.: tan Books, 1974), p. 436.

워싱턴에는 수천 명의 아름다운 젊은 비서들이 있다. 그리고 나는 나의 태도가 너무 자기 의에 빠져있었던 것은 아닌가 하는 생각을 했다. 아름다운 여자들을 '바라보기'만 하는 데 무슨 해가 있을 것인가? 거기다가 약간의 상상을 한다고 해서 무엇이 잘못인가? 여자도 하나님이 만드신 것 아닌가? 그들의 아름다움은 창조라는 놀라운 사역과 생명의 신비를 일깨워주지 않는가? 나는 여성의 매력을 즐기는 것이 그저 아름다움을 감상하는 것에 불과하며 그 이상으로는 절대 가지 않을 것이라고 스스로에게 말했다. 하지만 내 안에 무언가는 내가 스스로를 기만한다고 말하고 있었다.

나는 순결 서약을 지키고 있었다. 왜냐하면 사제라는 직위는 성관계를 엄하게 금지하고 있기 때문이다. 종종 나는 궁금했다. "사랑은 무엇인가? 어떻게 한 사람은 자신이 사랑에 빠진 것을 아는가? 어떻게 나는 이러한 감각적인 생각에서 벗어날 수 있는가? 내가 아름다운 여자를 보고서 다시 그 여자를 보고 싶은 마음이 들면 어떻게 해야 하는가? 나는 멀리 달아나야만 하는가? 나에게 닥칠지 모르는 모든 유혹에 맞설 만큼 나는 강한가?"

사랑과 삶에 대한 이러한 상념들 때문에 나는 스스로를 세밀하게 살펴봤다. 그 차갑고 엄격한 수도원의 분위기에서 나는 독신으로 영원히 동정을 지키겠다고 서약했다. 이제 나는 여성을 경멸하고 가능한 그들을 피해야만 하는 것인지에 대해 의문을 품고 있다. 아니다! 이는 모든 일탈 행위를 초래하는 현명하지 못한 방식이 될 것이다. 은둔자들은 자신만의 동굴로 들어가서 세상과 그 모든 유혹을 피하려고 할지 모르겠지만, 그렇다고 그들이 육체나 마귀에게 승리한 것은 아니다. 승리한 사람은 유혹을 극복해야 한다.

성경 어디에서도 독신을 지지하지 않는다. 이는 본성을 거스르는 것이다. 베드로 사도도 결혼했고(마 8:14), 초기 교회 대부분의 남녀도 그러했다. 그래서 나는 다음과 같은 질문을 하게 되었다. "어느 독신 서약자가 사랑에 빠지거나 육체의 유혹에 넘어갔다면, 누구에게 더 책임을 물어야 하는가. 교회인가 독신 서약자인가?"

나는 상식적으로 추론을 하려고 했다. 즉 교회가 말하는 내용이 아니라 내가 관찰하고 주의 깊게 연구한 결과에 따라서 생각을 하려고 한 것이다. 나는 그 답을 깨닫고 나서 매우 괴로웠다. 이는 마치 자신의 어머니가 이기적이고, 나쁜 꾀를 쓰는 위선자라는 사실을 알아낸 남자의 심정과 같았다. 로마의 목적은 모든 천주교 사제, 수도자, 수사들, 수녀들의 노동력과 돈과 재산과 행동을 완전히 통제하는 것이다. 세상의 그 어떤 교묘한 논변으로도 이 단순한 사실을 떨쳐버릴 수 없었다.

그러한 헌신적인 추종자들 중 엄청나게 많은 수가 끔찍한 환멸감을 느낀다. 몇몇은 무신론자가 되기도 한다. 수천 명이 천주교회를 떠나지만, 그 외에 갈 곳은 없다. 그들은 무엇을 할 수 있는가? 누가 그들을 돌볼 것인가? 그들 대부분은 모든 개신교도들이 적이라고 생각한다. 교회를 떠난 사람 중 일부는 예전의 친구들에게 배척당하고 친척들은 그를 불명예로 여긴다.

독신 제도는 완전히 해만 끼치는 것으로서, 동성애를 포함한 엄청난 부도덕성과 일탈 행위의 근원이다. 독신 제도의 폐지가 천주교회 내에서, 그리고 그 밖에서 주장되었지만 소용이 없었다. 1980년 11월, 요한 바오로 2세가 독일을 방문했을 때, 그는 사제의 독신 제도가 '교회의 빛나는 유산'이라고 하며 이를 약화시키려는 시도들을 비판했다.

적절한 때에 이러한 말도 안 되는 제약을 깨닫고 이를 이해해 주는 배우자를 맞는 사람은 얼마나 행운아인가. 천주교라는 차갑고 엄격한 제약을 버린 자들이 하나님의 말씀의 빛에서 나오는 진리와 자유의 새로운 삶을 찾게 되는 것은 자명한 일이다.

첫 고해성사는 혹독하고 충격적인 경험이었고, 나는 이 의무를 좋아하지는 않았지만 곧 적응했다. 나는 이상주의자였다. 나는 언제나 사람들을 사랑했다. 나는 날마다 그들의 죄에 대해 듣고 그들의 필요를 보면서 그들에 대해 연민을 느꼈다. 나는 도움을 베풀기 원했다. 나는 용서하는 데는 빠르고 벌하는 데는 늦었기 때문에 '성모송 바르트'(One Hail Mary Bart) 신부님으로 알려지게 되었다.

지극히 거룩한 고해성사에 관하여 라는 「교회법 VI」을 보면 이렇게 기록되어 있다. "만약 누구든지 고해성사가 신법에 의하여 제정되었으며, 구원을 위해 필요하다는 사실을 거부하는 자, 또는 교회가 처음부터 지켜왔고 지금도 행하는, 한 명의 사제에게 비밀리 고해하는 방식이 그리스도가 제정하시고 명령하신 바에서 멀어졌다고 하는 자는 파문할 것이다."[16]

이 교회법은 성경을 오용한 대표적인 예이다. 비밀리든 공개적으로든 한 명의 사제에게 고해하라는 것은 그리스도가 명령한 것도 정하신 것도 아니다. 성경 어디에서도 이러한 고해가 구원에 필요하다고 하지 않는다. 고해제도는 사람의 발명품일 뿐이다. 성경 어디에도 고해성사나 연옥을 지지하는 구절은 없다!

자신의 죄를 하나님께 바로 고백하는 것은, 그가 누구든지 간에 모든 죄인이 누리는 특권이다. 이것이야말로 회개의 의미이다. "만일 우리가 우리 죄를 자백하면 그는 미쁘시고 의로우사 우리 죄를 사하시며 우리를 모든 불의에서 깨끗하게 하실 것이요"(요일 1:9). "하나님은 한 분이시요 또 하나님과 사람 사이에 중보자도 한 분이시니 곧 사람이신 그리스도 예수라"(딤전 2:5). "아버지 앞에서 우리에게 대언자가 있으니 곧 의로우신 예수 그리스도시라"(요일 2:1). 오직 하나님만이 죄를 용서하실 수 있기 때문에, 사람이 하나님의 자리를 대신하여 사람의 죄를 사한다고

---

16. Canons and Decrees, p. 108.

주장하는 것은 신성모독이다.

왜 교회는 고해제도를 교회의 신조에 그렇게 중요한 요소로 고수하는 것일까? 그 주된 이유는 의무적으로 행해야 하는 고해성사가 천주교도들을 복종하도록 만들기 때문이다. 고백자는 고해성사가 삶에서 가장 중요한 행위의 하나라고 배운다. 고해성사가 아니면 그 영혼이 영원한 지옥에 처할 수도 있다고 가르치는 것이다. 하나님과 화평하기 위해서는 아무 것도 숨기지 않는 온전한 고해가 필요하다는 말이 있다. 많은 천주교도들은 죄를 고해해야 하는 것을 잊었다가, 그 결과로 연옥에서 더 오래 머물러야 할지도 모른다는 두려움 가운데 살아간다.

어느 젊은 여성이 6개월 된 아이가 요람에서 죽은 것을 발견한 이야기를 들었다. 보통 아이에게 젖을 먹이는 시간은 오전 6시였지만, 그 날 아침에 늦잠을 자느라 일곱 시까지 일어나지 못했던 것이다. 의사들은 어머니에게 아이가 죽은 것은 어머니와 전혀 상관없는 것이라고 말하며, 오만분의 일로 일어나는 '유아돌연사'라고 했다. 하지만 어머니는 자신을 책망했다. 어머니는 자신이 평소 일어나던 시간에 일어났으면 아이의 생명을 구할 수 있었으리라 생각하면서 자신이 대죄를 졌다고 생각했다.

아이가 죽은 지 며칠 지나지 않아서 그 어머니는 끔찍한 교통사고를 당했다. 병원으로 향하는 길에 그녀는 계속 울부짖었다. "저는 죽는 건가요? … 제발 저를 죽게 내버려두지 마세요! … 저는 저주를 받았어요! … 저는 고해성사를 하지 못했어요! … 사제를 불러주세요! … 제발요! … 제발요!"

그 여성이 교통사고로 죽지는 않았다는 이야기를 들었다. 그 여성은 의사들 및 같은 경험이 있는 사람들과 상담을 받고 마침내 아이의 죽음이 자신의 잘못이 아니라는 것을 이해하게 되었다고 한다.

성경은 말한다. "하나님의 은사는 그리스도 예수 우리 주 안에 있는 영생이니라"(롬 6:23). 예수님은 말씀하셨다. "내 양은 내 음성을 들으며 나는 그들을 알며 그들은 나를 따르느니라 내가 그들에게 영생을 주노니 영원히 멸망하지 아니할 것이요 또 그들을 내 손에서 빼앗을 자가 없느니라 그들을 주신 내 아버지는 만물보다 크시매 아무도 아버지 손에서 빼앗을 수 없느니라"(요 10:27-29). 천주교회는 이 진리를 무시하며, 오히려 죽을 때까지 고해하지 못해서 용서받지 못한 대죄가 하나라도 있다면 잃어버린 존재가 되거나 연옥에서 오랜 기간 고통을 당할 것이라고 가르친다. 이러한 속박이 오늘날까지 존재한다. 바로 교회의 목적을 위해서 말이다.

고해제도가 초래한 해악은 아무리 강조해도 지나치지 않다. 심지어 중세에는 고해제도가 기밀을 공급하는 거대한 체계였다. 왕, 총장, 장군이 고해를 하면, 천주교회는 한 나라의 가장 중요한 비밀에도 접근할 수 있게 되는 것이다. 지금까지도 바티칸의 첩보 활동은 세계에서 최고 수준이다. 실제로 세계에서 바티칸에 의해 한 번쯤은 비밀이 뚫리지 않는 나라는 없다. 그리고 천주교 국가에서는 그 침투력이 완벽하다.

대부분의 사제들은 온화하고 친절하다. 하지만 원하기만 한다면, 그들은 자기 교구 주민들의 모든 세부사항이나 비밀들을 다 조사할 수 있다. 이는 엄청난 효과를 낳을 수도 있다. 지식이 힘이기 때문이다. 한 사람이 누군가의 재정적 또는 사회적 지위, 신앙, 정치적 견해, 삶의 목적, 실수, 갈등 관계를 파악할 수 있다면 엄청난 힘을 발휘할 수 있는 것이다. 종종 사제는 한 사람에 대해서 그의 아내보다 더 잘 알 수 있다. 어린이들은 종종 의도치 않게 정보를 제공한다. 때로 남편들과 아내들은 배우자가 사제에게 비밀을 말했을까 두려워하며 갈라선다.

고해 제도는 보속행위와 연옥과 관련되면서 천주교도들에게 속박의 멍에가 된다. 이 삶에서 뿐만 아니라, 무덤 너머의 삶에서도 그렇다. 왜냐하면 죽은 자를 위한 미사와 기도를 드리기 때문이다.

하지만 연옥이나 죽은 자를 위한 기도, 그리고 한 사제에게 하는 비밀 고해는 성경에서 어떤 근거도 없다. 그것들은 그리스도 때부터 내려오는 전통도 아니다. 왜냐하면 적어도 4세기까지는 이것들이 제도화되지 않았기 때문이다.

그렇다면 도대체 어떤 사제가 자신이 구원을 베푸는 능력이 있다고 주장할 수 있겠는가?

필리핀으로

　사제로 서품 받기 몇 년 전, 나는 필리핀 선교사로 계신 패트릭 세인리 신부님을 만난 적이 있었다. 그분은 특히나 인상적인 분이었다. 왜냐하면 나에게 극동에서 섬길 수 있는 여러 기회에 대해, 그리고 그곳 사람들에 대해 놀라운 이야기를 들려주셨기 때문이었다. 그분이 필리핀과 그곳에 사는 다양한 사람들, 즉 세계인으로 살아가는 마닐라의 세련된 도시인으로부터 석기 시대를 겨우 벗어나 해와 달과 나무와 꽃과 바람을 섬기는 원주민에 대한 여러 이야기를 들려주시는데 정말 놀라웠다.

　하루는 필리핀에 대해 이야기하다가 내가 물어봤다. "제가 그곳의 선교 사역에 잘 맞는다고 생각하세요?" 그분은 잠시 생각하더니 이렇게 답하셨다. "바르트, 너는 우리가 그곳에서 필요한 바로 그 사람이야." 이 말은 축복이자 초대 같았다. 그래서 그날부터 나는 선교사가 되기를 원했다. 새롭게 서품된 사제들이 각자의 경력을 시작할 때가 왔고, 나는 필리핀으로 보내달라고 요청했다.

내 요청은 승인되었고, 나는 기쁨으로 황홀했다. 새로운 삶이 내 앞에 놓인 것이다. 나는 영웅적인 희생을 하며, 아무런 제한 없이 하나님을 섬기며, 수도원의 제약에서 자유로운 내 모습을 그렸다. 이는 모험을 의미할 수도 있지만, 어쩌면 어떤 외딴 에메랄드 섬에서 순교를 맞이할 수도 있는 일이었다. 나에게 순교란 성스러움의 완벽한 전형이었고, 성인이 되기 위한 문턱이었다. 나는 하나님의 사람으로서 '죽기까지'(usque ad mortem) 그의 종이 될 준비가 된 것이었다.

어머니와 동생에게 작별인사를 하는 일은 생각보다 쉽지 않았다. 왜냐하면 나는 어머니와 동생을 끔찍히 사랑했고, 또 어머니와 동생이 나를 사랑한다는 사실을 알았기 때문이다. 하지만 나는 하나님이 내 길을 펼쳐주신다고 느꼈고, 예수님의 말씀에서 위로를 받았다. "아버지나 어머니를 나보다 더 사랑하는 자는 내게 합당하지 아니하고"(마 10:37). 확실히 내가 필리핀으로 배정된 것은 내 꿈의 성취였으며, 세속과 격리된 가르멜 수도회의 수도원에서 12년간 내가 수련하고 관상한 이유였다.

나는 의욕적으로 준비하기 시작했다. 그리고 서 태평양에 남북으로 천팔백 킬로미터가 넘도록 흩어져 있는 칠천 개의 섬에 살고 있는 그곳의 사람들에 대해 최대한 많이 알고 싶어졌다. 나는 가장 큰 섬인 루존의 거주민들이 사용하는 언어인 타갈로그어에 대해 기초적인 지식을 습득하기 시작했다. 필리핀에는 팔십 개가 넘는 언어와 방언이 있다. 업무를 할 때나 공무를 볼 때는 영어와 스페인어를 사용하지만, 일상에서는 어떤 언어보다 타갈로그어를 많이 사용했다. 이 언어에 대한 지식이 있으면 나는 상인들이나 투기자들이 닦아 놓은 곳에서 멀리 떨어진 지역까지 들어갈 수 있을 것이다. 나는 잃어버린 자들에게 나아가 그들을 교회로 다시 이끌기 원했다.

새로운 자리로 가는 길에 나는 아일랜드인 맨발의 가르멜 수도회 신부님들이 운영하는 아름다운 피정지에 초대되었다. 그곳은 캘리포니아 레드 랜즈 근방의 언덕들 사이에 있는 외진 곳이었다. 나는 그곳에서 필리핀에 돌아가려고 준비하시는 원숙한 가르멜 수도회 선교사 한 분을 알게 되었다. 그렇게 우리는 함께 왕이신 그리스도 축일인 1954년 10월 31일에 캘리포니아 롱비치에서 출항했다.

우리 배가 태평양의 푸른 바다를 헤치고 나아가는 동안, 나는 우리가 이 아름다운 세상에서 하나님과 함께 거하며 살아간다는 일이 얼마나 놀라운지를 생각했다. 땅과 바다와 하늘과 해와 달과 별을 만드신 그 놀라우신 분이 우리를 지키신다고 약속하셨다니 얼마나 놀라운 일인가! 기록된 대로 참새도 하나님의 뜻이 아니면 떨어지지 않는다(마 10:29).

그런데 예수님도 단지 가시 면류관 하나만을 쓰셨는데, 로마의 교황이 금과 보석으로 된 왕관을 세 개나 쓴다는 점이 계속 마음에 떠올랐다. 주교들만 해도 자신의 보좌가 있는데, 예수님은 자신을 따르겠다고 하는 자에게 이렇게 경고하셨다. "여우도 굴이 있고 공중의 새도 거처가 있으되 인자는 머리 둘 곳이 없다"(마 8:20). 어떻게 내가 그분을 흠모하지 않을 수 있는가? 나는 성모 마리아와 성인들이 나를 축복하고 내 길을 인도해 주셔서 많은 영혼들을 천주교로 이끌도록 해달라고 기도했다.

롱비치를 떠난 지 16일 후, 우리는 마닐라에 도착했다. 갑판에서 보니 몇몇 사람이 저 멀리 부두에서 우리에게 손을 흔들고 있는 모습이 보였고, 거할 집을 찾아야 한다는 모든 두려움이 빠르게 사라졌다. 거기에는 여섯 명이 있었는데, 세 명은 가르멜 수도회 수사였으며, 한 명은 도미니칸 수도회 수사였고, 또 한 쌍의 선남선녀 부부였다. 그들은 우리를 반겨주기 위해 기다리고 있었던 것이었다. 나는 두 명의 엄청난 사람들을 소개받았는데, 바로 짐 노튼과 팀 노튼 부부였다. 그 둘은 모두 신실한 천주교도로서 탁월한 사업가이기도 했다. 그들은 나를 도와 필리핀과 그 풍습을 소개해주었다. 몇몇 건물이 뉴욕 시티를 떠올리게 하는 아얄라 대로를 걸을 때는 마치 집에 온 느낌이었다. 오래된 성벽으로 둘러싸인 그 도시는 3년에 걸친 일본 강점기가 남긴 상흔을 그대로 담고 있었는데, 애처로운 느낌이 들었다.

변화무쌍한 색채, 열정적인 사람들이 이리저리로 쇄도하는 모습, 여러 소리들이 만들어내는 불협화음은 혼란속의 질서라는 장관을 이루어냈다. 물건을 파는 카트들이 끝없이 이어졌고, 그 사이로는 위쪽에 술을 달고 호사스럽게 색을 칠한 지프니들이 돌진해 다녔다. 또한 야외에서 장을 보는 사람들은 파파야에서 비단 묶음에 이르기까지 모든 것을 사냥하듯 다녔다. 팔려는 사람들과 사려는 사람들이 가격을 두고 격렬하고 열정적으로 말싸움을 벌이는 모습을 지켜보는 것만으로도 흥미로웠다. 사람들의 몸짓과 고함소리와 덤벼드는 모습에 언제라도 폭동이 일어나는 것만 같았다. 이렇게 생존이라는 있는 그대로의 모습은 내 눈에 기적과도 같았다. 하지만 상품으로 이루어진 이 다채로운 경기장에서 사람들은 웃고 떠들며 자신의 길을 가고 있었다. 그리고 이 광경은 봐도 봐도 질리지 않았다.

수세기에 걸친 스페인의 흔적은 여전히 필리핀에 그 자취를 남기고 있었다. 수백만 명이 스페인어를 말할 줄 알았다. 오래된 교회와 성채들은 큰 섬을 점점이 잇고 있었다. 올드 마닐라에서는 여전히 아름다운 동상들과 창살을 끼운 창문들, 그리고 중앙 광장들을 찾아볼 수 있었다. 그리고 사백 년 동안 성벽으로 둘러싸여 있던 이 도시는 스페인 풍의 마을 모습을 그대로 뽐내고 있었다. 오래된 퀴아포 교회는 도시 중심부에 자리를 잡고 있었는데, 전쟁의 참상을 피하여 여전히 예배의 중심지로 남아 있었다. '검은 나사렛인'(Black Nazarene)으로 알려진 형상 앞은 수백

개의 촛불이 밝히고 있었다. 길게 이어진 천주교도들은 그 교회를 무릎으로 걸으며 묵주기도를 낭송하면서 성모 마리아를 통한 하나님의 가호를 구했다.

필리핀인에 대해서 알면 알수록 나는 그들을 더욱 사랑하게 되었다. 나는 그들이 대단히 매력적이고, 다채롭고, 재능이 많고, 음악적이고, 배우는 일에 힘쓴다는 사실을 알았다. 그곳에 머무는 처음부터 나는 많은 필리핀인들에게서 소박하면서도 어린아이들과 같은 믿음을 느꼈다. 그들은 가르침에 반응하였고, 우리 사제들만이 하나님의 은혜와 자비의 유일한 관리인으로 믿고 싶어 안달하는 것 같았다. 나 역시 선교사로 온 나를 그렇게 신뢰하는 모습을 보며 엄청난 책임감을 느꼈다. 나는 모두와 우정을 나누려고 노력했다. 로마 천주교도, 개신교도, 심지어 신을 믿지 않는 자들과도 그러했다. 나는 그들에게 다가갈 수 있는 가장 좋은 방법은 그리스도와 같은 온유함, 순전한 연민, 그리고 인내를 보여주는 것이라고 믿었다. 하지만 이러한 태도는 나의 형제 사제들이 탐탁히 여길만한 것은 아니었다. 그리고 나는 이 때문에 나중에 대가를 치르게 되었다.

몇 주가 지나자, 나는 얼른 마닐라를 떠나 작은 마을인 발러에 난 내 자리로 가고 싶어졌다. 떠날 날이 다가왔고, 우리는 공항으로 향했다. 왜냐하면 육로로 가는 것보다 항공편을 이용하는 것이 더 안전했기 때문이었다. 필리핀의 외딴 지역들, 심지어 루존까지도 여전히 맹렬한 후크발라합스(Hukbalahaps) 또는 후크스(Huks, '항일인민군')라고 하는 세력의 공격을 받는 상황이었다. 이들은 공산주의자들이 이끄는 무장 게릴라로서, 그 수가 150,000명을 넘었다. 그들은 시민을 공격하고 생명과 재산을 앗아갔는데, 지방 지역뿐 아니라 중앙 정부까지도 위협하고 있는 상황이었다.

필리핀 에어라인의 비행기가 첫 기항지를 향해 가는 동안 나는 그곳의 풍경에 완전히 매료되고 말았다. 우리는 이푸가오족이 이천 년 넘도록, 해발 760미터가 넘는 산악 지역에서 계단식농업을 해오던 곳을 지나갔다. 공중에서 본 이 계단식 지형은 마치 하늘로 향하는 거대한 계단 같았다. 그날까지 나는 이 거대한 계단보다 더 놀라운 광경을 본 적이 없었다. 그 계단은 쌀 농부들이 회반죽 없이 만든 것으로 20m의 높이에 이르는 것도 있었다. 또한 그 계단 하나하나의 크기는 방갈로 정도의 크기부터 수만 제곱미터에 이르기까지 다양했는데, 말로 표현할 수 없는 장관을 이루어냈다. 그 후 우리는 짙은 삼림 지역, 광대한 코코넛 농장, 길게 뻗은 모래사장을 지나서 계속 비행해갔다.

비행기가 내리자, 한 지프차가 오더니 우리를 데리고 선교관 시설로 데려갔다. 내가 도착했을 때는 마침 마운트 가르멜 고등학교 학생들이 농구를 하고 있었다. 학생들은 나를 보자 소리를 질렀다. "함께 농구할 신부님이 필요했어요." 담임 사제님은 가

녑게 고개를 끄덕이셨고, 나는 의복을 벗고 바로 함께 경기를 했다. 그렇게 새로 온 신부님은 즉각적으로 성과를 낸 것이었다.

하지만 이곳에는 처음부터 나를 좋아하지 않았던 교만한 이탈리아인 신부도 있었다. 그리고 얼마 지나지 않아 그가 반미주의자라는 사실을 알게 되었다. 그는 내가 지위와 종교를 가리지 않고 모든 사람들과 편하게 지내는 모습을 좋아하지 않았다. 그는 몇 차례 나를 '개신교 목사'라고 했다. 처음에는 그의 무례한 모습에 화가 났고, 왜 그렇게 나를 싫어하는지 의아할 뿐이었다. 나는 그저 예수님의 가르침에 따라 행동하고 있었던 것뿐인데 말이다. 나는 내 방식에 대해서는 전혀 사과할 이유가 없다고 느꼈다.

시간이 흐른 후에야 나는 이해할 수 있었다. 내가 무심코 한 행동이 그를 불편하게 했던 것이었다. 그는 온화한 신념보다는 엄격한 권위와 명령을 신봉하는 인물이었다. 그는 고집불통에 종종 무례하기까지 했다. 그의 태도는 오랫동안 스페인이 필리핀을 다스리고 천주교 사제들이 주인이었던 시절을 떠올리게 했다. 그가 반미주의자인 것은 놀라운 일도 아니었다. 미국이 종교의 자유라는 개념을 가지고 온 것이었다. 따라서 그와 같은 많은 사제들의 마음에는, 특히 천주교가 득세하는 나라에서 훈련 받은 사람들에게는 종교의 자유란 일종의 이단이었다. 하지만 나에게는 그렇지 않았다. 미국 수정헌법 제 1조는 이렇게 말한다. "미합중국 의회는 국교를 정하거나 종교 행위를 금지하는 법을 제정하여서는 안 된다." 또한 천주교회의 가르침에는 직접적으로 반하는 것이지만, 필리핀에도 종교의 자유가 있었다. 레오 13세는 이렇게 썼다.

> "사상, 언론, 저술, 종교의 자유를 요구하고, 옹호하고, 수여하는 것이, 마치 천성적으로 사람에게 주어진 것인 양 하는 것은 적법하지 않다 … 비록(오늘날의) 극도로 기이한 정치적 상황 때문에 교회가 몇몇 현대의 자유들을 묵인하기는 하지만 이는 교회가 그것들 자체를 선호하기 때문이 아니라 그것들을 허용하는 것이 임시변통의 조치로 판단하기 때문이다."[17]

그 이탈리아 사제는 나의 성공을 시기했다. 그리고 어떤 이유에선지 나도 그를 두려워하게 되었다. 따라서 나는 발러에 또 다른 미국 사제가 있다는 사실에 행복했다. 그는 신학교 시절부터 나의 좋은 친구였다.

발러에서 가르멜 수도회는 80개의 마을을 담당하고 있었다. 나의 일은 이 마을들을 도보로, 또는 지프차, 보트, 말을 타고 다니는 것이었다. 그리고 이 8개의 소교구들을 다니는 것 말고도 날마다 미사를 드리고, 고해성사를 받고, 교회원들을 방문하고,

---

17. Boettner, p. 417; Cecil John Cadoux, *Roman Catholicism and Freedom*, 4th ed. (London: Independent Press, 1947), p.31.

고등학교에서 학생들을 가르쳤다.

내가 가장 좋아했던 곳은 디부트 만(Dibut Bay)이었다. 처음 그곳에 갔을 때부터 그곳 사람들은 특히 매력적이었다. 그들은 도시 거주자들이 부러워할만한 단순하고 행복한 생활양식을 지닌, 부끄러움이 많은 사람들이었다. 디부트 만은 그 자체로도 낭만주의자들이 꿈꾸는 바로 그 모습이었다. 밤은 따뜻했고, 백사장이 길게 펼쳐있었으며, 열대의 꽃들이 풍성하게 피어 있고, 열대 나무들은 코코넛으로 묵직했다. 내가 그곳에 간 목적은 원주민들에게 천주교를 소개하는 것이었다. 매일 아침 나는 그곳에서 미사를 드리고 코코넛 나무 아래에서 가르침을 몇 마디 전했다.

그들은 내가 구원을 받기 위해서는 세례가 필요하다고 전하고, 빵과 포도주를 두고서 제병 안에 그리스도가 계시다고 말할 때에도 절대로 의문을 제기하지 않았다. 나는 회개나 또는 그리스도를 주님과 구세주로 영접해야 한다는 점에 대해서는 아무 말도 하지 않았다. 내 목적은 우선 그들을 미사 의식의 영향력 아래 두고, 그들에게 그 미사의 장엄한 위엄으로 호소하려는 것이었다. 나는 미사 의식에 깃든 신비한 특성과 이해할 수 없는 라틴어가 그들이 신봉하는 신비적인 미신과 잘 맞는다는 점을 알았다. 나는 우리가 수 천 킬로미터 떨어진 곳에서 와서 여러분을 돕고 하나님을 아는 지식을 전해주려고 한다고 설명하면서, 그들에게 감명을 주고 교회의 위신을 세우고자 했다. 우리는 교회에 대해 무엇도 설명할 필요가 없었다. 왜냐하면 그들은 아무 것도 묻지 않았기 때문이었다. 우리는 특히 출생, 결혼, 축제, 죽음과 같이 그들의 삶에 가장 중요한 순간에 미사 출석, 복종, 순종을 요구했다. 결국 나머지는 알아서 될 것이었다.

그러던 어느 날 나의 형제인 가르멜 수도회 수사가 다른 자리로 이동해갔다. 그의 자리를 대신해서 필리핀인 사제가 발더로 왔다. 우리는 담임 사제가 우리를 좋아하지 않고 특히 우리의 인기를 질투한다는 점에 동의했다. 독재적인 그의 방식과 엄격함 때문에 사람들 사이에 종종 억울한 일이 생겼다. 하루는 어느 필리핀 사람이 교구 사제관에 분노한 상태로 와서 문을 맹렬하게 두드리는 것이었다. 문을 열어주기 전에 문이 먼저 부서지겠다고 생각할 정도였다. 그는 이탈리아인 신부를 죽이러 온 것이었다. 신부가 두 번째 아내에게서 난 아기를 세례하지 않겠다고 했다는 것이었다. 나는 그를 진정시키기 위해 몰래 세례를 베풀겠다고 약속했지만 이것으로는 그의 분노를 달래거나 신부를 죽이겠다는 위협을 멈출 수 없었다. 나는 억지로 문을 닫고 잠근 뒤에 집안일을 하는 남자에게 뒤편 창문으로 나가서 경찰을 부르라고 했다. 나는 위층으로 뛰어 올라가 떨고 있는 신부를 발견했다. 위협하는 소리를 듣고 알아서 다락에 숨어 있던 것이었다. 더 심각한 일이 벌어지기 전에 경찰이 도착했다. 그때부터 이탈리아 신부와의 사이가 조금 개선되기는 했지만 친구가 될 수는 없었다.

일 년도 더 전에 내가 워싱턴 D. C.에서 주교 앞에 무릎을 꿇었을 때 나는 아무 조건 없이 하나님을 섬기겠노라고 약속했다. 나는 초연함과 자기 희생과 경건의 본이 되기로 결심했었다. 하지만 이는 브루클라인의 수련자일 때는 놀라운 일인지 모르지만, 발러에 있는 나에게는 별 효과가 없었다. 내 건강은 나빠지기 시작했다. 먹는 것이 다양하지 못해서 몸은 수척해져 갔고, 몸무게가 빠지면서 몸이 상했다. 우리가 제대로 먹는 때라고는 세인리 주교가 우리를 방문했을 때뿐이었는데, 그것도 고작 일 년에 한 번이었다. 그때만 채소와 햄과 술을 맘껏 먹을 수 있었다.

내가 발러에서 가장 기뻤던 것은 마운트 가르멜 고등학교의 학생들이었다. 학생들은 내 삶에 새로운 영역의 기쁨을 주었다. 나는 특히 내 수업에 자부심이 있었다. 그런데 바로 여기에서 인간의 본성이 발현되기 시작했다. 거의 무의식적으로 나는 학생 중 한 명을 편애하게 된 것이었다. 그 학생은 다름 아닌 아름다운 여학생으로 정말 말이 잘 통하는 아이였다. 모든 학생 중에 이야기를 나눌 때 가장 즐거운 학생이었다. 가끔 그 여학생은 수업 후에도 남아 내가 수업 시간에 얘기했던 내용에 대해 질문을 하거나 토론을 했다. 얼마 후 우리의 관계가 나에게나 그 학생에게나 매우 중요하다는 사실이 분명해졌다. 나는 학생들이 학교에서 쏟아져 나오면 그 여학생이 어디에 있는지 찾았다. 미사를 드리기 전에도 그 학생이 참석했는지를 살펴봤다. 설교를 하거나 해변에서 9일 기도(novena)를 할 때에도 그 여학생이 참여하기를 바랐다. 그리고 참석하지 않았으면 왠지 외로운 기분이 들었다.

어느 날 오후, 나는 수업을 마치고 책상에 남아 있는 책들을 정리하고 있었다. 그 학생이 들어오더니 나를 돕기 시작했다. 우리는 곧 선반에 책을 올려놓는 일을 마무리했고, 나는 그 학생에게 돌아서서 무언가 말을 하려고 했다. 그런데 갑자기 내 심장은 빠르게 뛰었고, 그녀의 눈에 비치는 부드러운 사랑의 눈빛에 얼어붙고 말았다. 그녀의 아름다운 미소에 넋을 잃어버렸고, 시간이 멈춘 것 같았다. 그 순간 그 학생도 내 눈에서 같은 감정을 읽었던 것 같다. 그녀는 더 가까이 다가왔고 나는 팔로 그녀를 안고 나에게 끌어당겼다. 내가 그녀를 안고 입을 맞추자, 기쁨의 랩소디가 내 모든 존재를 가득 채웠다. 그녀는 몇 분 후에 떠나갔지만 내 마음은 그녀에게 빠져버렸다.

나는 그때까지 데이트를 한 적도 없었다. 여자에게 입을 맞춘 적은커녕, 심지어 손을 잡아본 적도 없었다. 하지만 이제 나는 그녀를 사랑한다는 사실을 느꼈다. 그때에도 나는 이 사실을 믿기 두려웠다. 나는 사랑이 무엇인지 제대로 알지 못했다. 나는 연애편지를 써본 적이 없었지만, 이제는 그녀에게 편지를 쓰기 시작했다. 그리고 대단히 기쁘게도 그녀도 직접 쓴 연애편지로 내게 답해주었다. 여전히 나는 매일 아침 미사 때마다 어떻게 그리스도를 받드는 내 손으로 여자를 안고 부드럽게 "너를 사랑해"라고 말할 수 있는 것인지 의아했다. 갑자기 내 소명은 불충분해 보였다. 나는 두려움과 실망감으로 가득했다. 아무리 노력해도 이를 이해할 수는 없었다.

작은 마을에 사는 필리핀 사람에게, 이러한 관계는 단 한 가지만을 의미했다. 바로 결혼이었다. 나의 행동은 청혼에 비견될만한 것이었다. 나는 너무나 순진한 나머지 내가 스스로에게 그런 의무를 진 것이라는 사실을 깨닫지 못했던 것이다. 내 판단력은 흐려졌고, 나는 무력한 모습으로 그저 니타에게 천주교도는 사제와 행복한 결혼 생활을 할 수 없다고 설명하려고만 했다. 사랑이 나를 두렵게 만들었다. 그래서 나는 물러서기 시작했다. 그러자 공립학교 선생님이고, 성당에는 다니지 않는 천주교도인 니타의 아버지가 나섰다. 그는 나에게 말했다. "신부님, 당신은 제 딸을 사랑하고 제 딸은 당신을 사랑합니다. 아주 간단합니다. 왜 제 딸과 결혼하지 않으십니까?" 나는 아무 대답도 하지 못했다. 나는 엄청난 충격을 받았다. 사제직을 버리라고? 나의 서약을 버리라고? 나의 교회와 가족과 친구들과 가르멜 수도회에 추문을 빚으라고? 절대로 그럴 수는 없어!

나는 발러 마을이 니타와 내가 곧 결혼할 것이라는 소문으로 시끌시끌했다는 것도 몰랐다. 그런데 인판타 마을에 계시던 세인리 주교님이 이 소문을 듣게 된 것이었다. 고맙게도 니타를 미워하고 나를 시기하던 어느 교회비서가 이탈리아인 사제인 담당 신부에게 말을 한 것이었다. 그는 당연히 주교님께 연락을 했고 주교님도 급박하게 요트를 타고 발러에 오신 것이었다. 인사를 나눈 후에 주교님은 하루 동안 자신의 요트를 타고 낚시를 하러 가자고 하셨다. 나는 기쁘게 그렇게 하자고 했다.

우리는 디부트 만에서 하루 종일 낚시만 했다. 그런데 낚시를 마치고 요트가 발러로 향하지 않고 인판타로 가는 것이었다. 본부에 도착한 후에야 그의 목적을 알 수 있었다. "자네가 결혼하려고 한다는 이야기를 들었네." 그분이 말했다.

나는 당황스러웠고 분노도 일어났다. 나는 답했다. "주교님, 제가 젊은 여성을 사모하는 마음이 생긴 것은 맞습니다. 이것을 부인하지는 않겠습니다. 하지만 제가 왜 이런 감정을 느끼는지 저도 모르겠습니다. 저는 전혀 결혼하려는 생각은 없습니다."

사무실에 있은 지 10분도 되지 않아 그는 내게 발러에 돌아갈 수 없다고 말했다. 그는 내가 홀리 힐의 수도원으로 보내질 것이라고 통보했다.

이 명령은 벼락과도 같았다. 나는 너무 놀란 나머지 항변할 수도 없었다. 내 모든 소지품, 심지어 어머니가 미사를 드릴 때 입으라고 주신 아름다운 값비싼 제의도 그곳에 남겨두어야 했다. 그는 아무에게도 설명할 기회를 주지 않았다. 심지어 니타에게도, 발러의 친구들과 이탈리아인 사제에게도 말이다. 그렇게 나는 이틀 만에 필리핀에서 쫓겨나고 말았다. 그리고 완전히 면목을 잃게 되었다. 나의 명성도 큰 손상을 입었다.

니타의 적과 이탈리아인 신부는 자기 일을 제대로 한 것이었다. 아마도 세인리 주교도 자신이 해야 할 일을 했다고 생각했을 것이다. 이것만으로도 충분히 나쁜 상황이었지만 더욱 최악인 것은 집에 돌아왔을 때 겪은 모멸감이었다. 나는 어머니를 수치스럽게 했다고 생각했다. 나를 위해 그렇게나 희생한 어머니께 말이다. 그리고 나를 존경하던 동생에게도 마찬가지였다. 나는 한 여성을 사랑했다는 이유로 죄인이 된 것 같은 느낌을 받았다. 가르멜 수도회 수사들이 비웃는 모습이 떠올랐다. 내 이미지와 커리어는 완전히 손상을 입었고, 어머니와 동생은 나를 이해한다고 말해줬지만, 나는 그들도 수치스러워하고 있음을 느꼈다. 홀리힐에 있는 가르멜 수도회 수도사들은 아무 것도 모르는 것처럼 행동했지만 오히려 모멸감이 더욱 심했다. 나는 그들이 내가 겪은 일을 다 알고 있다는 것을 알았다. 하지만 아무도 그 일에 대해 이야기하지 않았고, 나는 그들 마음에 무슨 생각을 하는지 몰라 더욱 마음이 쓰였다.

그리고 수도원의 삶에 정착하려고 하자 진정한 어려움이 찾아왔다. 나는 그 일을 이렇게 처리해 버린 것이 너무나 비통했다. 나는 젊었었다. 그리고 발러에서 열심히 일을 했고, 또 잘해냈다. 나는 필리핀에 머물고 싶었다. 그리고 주교는 적어도 나를 다른 지역으로 재배치할 수도 있었다. 어떻게 보자면 나는 추방당하였고, 낙인이 찍혀, 원하지 않는 상품처럼 가르멜 수도회로 반환된 것이었다. 나의 면직 과정은 제대로 된 절차를 밟지도 않았다. 심지어 홀리 힐에서 나를 관리하는 책임을 맡으신 관구장님인 알버트 신부님의 승인도 없었다.

나는 알버트 신부님의 가장 모범적인 학생 중 하나였지만, 이제 나는 그에 훨씬 미치지 못하는 존재가 된 것 같았다. 나는 그가 내 마음에 있는 저항감을 봤다는 사실을 알았다. 그래서 나는 기도와 관상으로 이를 발산해 내려고 노력했다.

나는 이 모든 상황을 이해하려고 노력했다. 나는 나의 불만감이 필리핀에서 돌아 온 즉시 시작됐다는 사실을 보기 시작했다. 성무일도 암송, 묵상, 공식기도도 아무 의미 없이 시를 외우는 것 같이 무미건조한 일이 되었다. 미사를 드리면서도 하나님의 임재를 느끼는 일은 덜 실제적으로 다가왔고, 그저 영적인 실체가 결여된 형식적인 일이나 전통으로 보이게 되었다. 나는 다른 사제들의 행동에서도 나와 비슷한 태도를 보았다. 나는 여전히 기도를 드리며 내가 예전에 알았던 그 느낌을 다시 얻고자 노력했다. 나는 내가 엄격한 수도원 생활의 규율을 어겼다는 사실을 기억하면서 내 상처를 치유하려고 노력했다. 하지만 그것도 도움이 되지는 않았다. 나는 마닐라에 있던 타고 남은 건물들처럼 수척한 해골이 된 것 같은 느낌을 받기 시작했다. 즉, 벽은 있지만 그 안에는 생명이 없었던 것처럼 말이다. 나는 왜 선교지에 있는 많은 사제들이 성무일과 낭송과 같은 관습들을 멀리하게 되는지도 이해하기 시작했다. 심지어 예전에 나에게 그렇게나 열렬한 자부심과 명예를 주었던 성의도 나를 화나게 만들었다.

다만 두려움이 내 의심이 표출되는 것을 막았다. 많은 사제와 많은 사제와 수녀들이 수녀들이 그러했듯이 말이다. 나는 내가 잘못되었다는 점을 인정할 수 있을까? 나는 스스로에게 물었다. "로마 교황의 교회에 의문을 던지는 것은 교만한 것이 아닌가? 어떻게 내가 배운 것에 의문을 제기함으로써 수 세기에 걸친 신학자들에게 도전할 수 있는가? 나는 배교를 당하는 것은 아닌가? 나는 유다로 불리게 될 것인가? 아니면 파문당할 것인가?" 실제적인 면을 봐도, 내가 교회 밖에서 무엇을 할 준비가 되어 있는지 의문이었다. 나는 훈련은 받았지만, 교육을 받은 것은 아니었다. 나는 내가 성경의 진리와 주위 세계로부터 얼마나 격리되어 있었는지를 인식하기 시작했다. 나는 죄수였다. 살아있는 시체였고, 내가 스스로 판 무덤에 갇혀 있는 존재였다. 날이 지날수록 삶은 나에게 더욱 의미가 없어지는 것 같았다.

진리를 향하여 난 창

"바르트, 네 문제는 간단해." 천주교도인 한 친구가 말했다. "네가 사랑을 바라는 마음이 사제의 서약보다 더 강해진 거야. 생각해 보라고."

나는 그 말에 정신이 번쩍 들었다. 천주교회에 대해 우려와 의심만 키워간다면, 나는 흠집이나 잡는 위선자에 불과할 것이다. 나는 다른 이들이 어떻게 생각하는지 궁금했다. 나는 동료 사제들과 나의 감정에 대해서 이야기를 했다. 교회의 적이 아닌, 확신을 구하는 한 사람으로서 말이다. 내가 가장 놀랐던 사실은 그들이 전혀 도움을 줄 수 없었다는 점이었다.

가톨릭 사제들은 일반적으로 관용의 임계값이 높다. 그들이 보여주는 자아를 극복하는 참을성, 희생정신, 강인한 인내력은 언제나 나에게 감동이었다. 나는 자신들이 배고프고, 힘들고, 춥다고 불평하는 사제들을 거의 기억하지 못한다. 심지어 실제로 그들이 그런 상황에 처해 있다는 사실을 아는데도 말이다. 하지만 독신주의에 대해서 불평하지 않는 사제는 드물다. 1940년대부터 지금까지 점점 많은 사제들이 독신에 따르는 외로운 침체기를 받아들이지 않으려고 한다. 즉, 홀로 상속자 없이 늙어 죽는 것 말이다. 많은 이들이 자신의 외로움을 매우 비통하게 여긴다.

아마도 필리핀에서의 경험은 나의 삶에서 가장 큰 축복이었을 것이다. 왜냐하면 나의 의지와는 반하여 내 눈을 가리던 비늘이 벗겨졌고, 진리를 향하여 난 창의 가장자리가 열렸기 때문이다. 하지만 나는 완고하고 목이 곧은 사람이었다. 예를 들어, 한 친구가 내게 그리스도의 가르침과 가톨릭 신조가 대척된다고 지적하면, 나는 그를 머릿속에서 지워버리고 그와는 전혀 상종하지 않으려 했다. 누군가 연옥의 신조는 성경에서 그 근거를 찾을 수 없다고 말하면, 그의 말을 듣기를 거부하고 그가 하는 말을 그저 바람에 흔들리는 나뭇잎이 내는 부스럭거리는 소리로 여겼다. 나는 천주교의 교리와 전통이라는 미로에 갇혀버린 것이었다.

나는 기도를 드리고 밤이 되면 누워서 갈색 스카풀라에 입을 맞췄다. 하지만 평화는 없었다. 종종 뒤척이는 바람에 잠을 청하지 못하였고, 의문과 의심으로 괴로워했다.

나는 홀리 힐에서 답을 찾지 못할 것이라는 사실을 알았다. 나는 가능한 빨리 이곳을 벗어나고 싶었다.

나는 브루클라인에 있을 때 수련장이셨던 신부님의 교구로 갔다. 그리고 해군 군목으로 지원할 수 있는지 물었다. 그러자 그분은 바로 "극동지역에 갈 일이 생기면 필리핀에 있는 그 여자를 만날 생각이 조금이라도 있는가?"하고 물어보셨다. 나는 매우 솔직하게 답했다. "그렇습니다. 물론입니다." 그것으로 끝이었다. 교구장님은 바로 그 자리에서 내 요청을 거부하셨다. 하지만 내가 운동 중독이라는 것을 아시고는 천주교 고등학교 미식축구 팀 코치를 하거나 소신학교(minor seminary)에 있는 자리는 어떠냐고 제안하셨다. 나는 거절했다. 그러고 나서 애리조나에 있는 스페인 사람들의 가르멜 수도회에 도움이 필요하다는 소식을 들었다. 애리조나! 마음에 들었다.

 몇 주 후에 나는 홀리 힐의 조용한 수도원 생활을 뒤로 하고 애리조나 북동부로 향했다. 그곳은 산이 높은 곳으로서, 미국에서 가장 큰 구리광산이 위치한 곳이었다. 나는 홀리 크로스(Holy Cross) 교구에 있는 헝가리인 가르멜 수도회 수사의 보조수사로 들어갔다. 그리고 나는 곧 이 일이 내게 제격이라는 사실을 깨달았다. 나는 정감 넘치는 치카노(Chicano, 멕시코계 미국인) 공동체에서 일하게 되었다. 오래지 않아 나에게는 '미국놈 사제'라는 딱지가 붙었다. 팻 뻬르예스 신부님은 함께 일하기에 최고의 사람이었다. 비록 우리 모두 스페인어를 하지는 못했지만 그들을 사랑했고, 그들도 우리를 사랑했다. 나는 히스패닉 사람들이 지능과 인내력과 선량함이 굉장하다는 사실을 알았고, 이들이 미국에 자랑거리라고 생각했다. 하지만 로마가톨릭교회가 볼 때, 그들은 우리 사회의 부유한 이들보다 덜 중요하다는 사실도 알게 되었다. 나는 1940년 이래로 텍사스에서만 이백만 명이 천주교를 떠나 개신교회로 향했으며, 남부 캘리포니아에서도 수많은 사람들이 선조의 종교를 떠났다는 사실에 마음이 아팠다. 나는 이러한 추세를 바꾸기 위해서 무슨 일이라도 하겠노라고 결심했다.

나는 가정들과 학급들을 방문하였고, 고등학교 미식축구 경기를 찾아 벤치에 앉아 있기도 했으며, 심지어 길거리에서 교구 주민들과 우유나 맥주를 함께 마시기도 했다. 나는 교회를 위해 무언가 하고 있다는 생각에 행복했다.

그런데 나쁜 소식이 들려왔다. 투손의 주교가 주에 있는 몇 개의 교구를 스페인 사람들의 가르멜 수도회에서 없애려고 한다는 것이었다. 그렇게 하는 이유는 가르멜 수도회 수도사가 대부분 스페인의 바르셀로나에서 오는데, 그중 상당수가 미국에서 접하게 된 자유와 기회를 보고 사제직을 떠나버렸기 때문이었다.

내가 새로 부임한 자리는 투손에 있는 세인트 마가렛이었는데, 놀랍게도 그곳에서는 미사를 드리고 근처에 있는 세인트 메리스 병원을 찾아가는 것이 하는 일의 전부였다. 교회를 위해 무언가 일할 수 있는 곳이 아니라는 생각에 나는 굉장히 실망했고 열심을 내서 노력하겠다는 의지도 꺾였다.

나는 성체 앞에 무릎을 꿇고 복되신 마리아에게 도움을 구했다. 하지만 하늘은 무심했다. 나는 멀리 있는 교구들에 가서 고해성사를 하며 나의 짐을 내려놓기도 했지만, 사제들은 보통 나에게 "더 자주 기도하고 골프 코스를 조금 더 돌라"는 조언만 했을 뿐이다. 나의 불만족은 커져만 갔고, 애리조나에서 일이 생각대로 되지 않는 것 같아서 다른 자리를 찾았다. 나는 캘리포니아 샌디에이고에 자리가 있다는 이야기를 들었다. 그 도시에 가면 교구에서 일하고, 남편을 잃은 어머니들에게 도움이 될 수 있다는 생각에 내일을 향한 희망이 생겼다. 나는 샌디에이고의 주교를 방문하고, 교회법에 따라 문서작업을 한 뒤, 교구 상서국장으로 200 달러를 받기로 하고 교구에 속했다.

크고, 심각한 문제 없이 잘 돌아가는 블레스드 새크라먼트 (Blessed Sacrament)교구로 간 것은 행운이었다. 나의 정체성 위기를 해결하기 위해서는 이보다 더 좋은 분위기는 없었다. 담임 사제인 프란시스 오트는 교구에서 잘 알려진 존경받는 분으로서 나와 금세 친구가 되었다. 이곳에서 열심히 일했고, 상당기간 하나님을 섬기는 적절한 자리에 왔다고 느끼기도 했다.

또한 나는 풀톤 J. 신 주교와 같이 설교하기를 꿈꿨다. 그는 내 영웅 중 한 분이었다. 그의 세심하면서도 귀족적인 얼굴, 그리고 온화한 매너와 웃음은 아버지와 같은 사랑을 보여주며 수백만 명을 텔레비전으로 이끌었다. 그는 청취자들에게 감동을 주기 위해 고함을 지르거나 신파극을 하지 않았다. 오히려 가장 평범한 주제를 들어서 극적으로 풀어나가는 식이었다. 그는 또한 칠판과 분필을 사용해서 주제를 개괄하는데도 탁월했다. 나는 어느 저녁 그분이 다음과 같은 질문을 제기했던 것을 기억한다. "왜 그렇게 많은 사람들이 자기 가족에게는 불친절할까요? 다른 사람들에게는 아주 유쾌하고 한 없이 너그러우면서도 말입니다." 그의 답은 진리가 그런 것처럼 놀랄 만큼 단순했다. "다른 사람들은 참지 않을 수도 있지만 가족은 참아야만 하기 때문입니다!" 질문에는 아무런 대답을 하지 않고도 30분 간 이야기를 계속하는 연사들도 있었지만, 그는 세상에 거울을 대고 사람들이 자신들에 관한 진실을 보게 해 주는 능력이 있었다. 그 진실이 불쾌하더라도 말이다.

나는 그의 책들을 읽었고, 라디오도 들었으며, 워싱턴 D. C.에서 사순절 시리즈에 참석하고, 텔레비전 프로그램도 시청했다. 나는 그가 하듯이 사람들에게 다가가고 싶었다. 하지만 나는 그 목표를 절대로 달성할 수 없었다. 나의 '설교'에는 확신이 부족했기 때문이다. 10분 정도에 불과한 사탕발림뿐인 내 짧은 설교에는 내용이 없었다. '칭의'나 '성화'는 내 어휘집에 존재하지 않았다. 나에게는 사람들의 기분을 좋게 하는 사회적인 메시지만 있을 뿐 하나님이 기름 부으신 능력은 없었다. 나는 냉담하고 무심하도록 자라났기 때문에 기계적인 사역을 할 뿐이었다.

한 때 사제였던 L. H. 레만스는 이렇게 썼다. "로마의 교회법과 관습에 따른 기계적인 사역은 그리스도인의 이상에 따른 열광을 식혀 완전한 무심함과 깊은 절망에 따른 무사안일주의라는 회색 재로 만드는데 몇 년이면 충분하다."[18]

어느 아름다운 봄날 아침이었다. 나는 담임 사제와 부사제와 비서, 그리고 집을 관리해 주시는 분이 모두 부재한 틈을 타서 내

짐을 모조리 차에 싣고 영원히 모든 것을 떠나기로 결심했다. 내가 처음 멈춘 곳은 어머니가 계신 곳이었다. 나는 사제직을 그만두겠다고 해도 어머니가 나를 죄인으로 낙인찍지 않으시리라는 사실을 알고 있었다. 그리고, 나는 어머니가 다시 내게 하나님을 보여주시리라고 생각했던 것이었다. 하지만 어머니에게 말씀을 드리자, 그저 "아들아 주님은 네가 주님을 온전히 따르기만을 원하신다. 그분을 배워라. 너를 사제가 되도록 허락하신 그분의 자비와 선하심을 기억해라." 어머니의 말씀과, 말씀하시는 방식 덕에 나는 다시 사제관으로 돌아가 모든 문제에 대해서 더 기도하고 삶에서 무엇을 할지 다시 생각하게 되었다.

나는 교구로 돌아가 다른 사람들이 돌아오기 전에 짐을 풀 수 있었다. 나는 그곳에서 내가 받은 은혜를 세어보았다. 나는 그 성당에서 멋진 친구들을 사귀었다. 오트 신부님은 물론 존 포트만 신부님 역시 훌륭하고 함께 일하기 좋은 분들이었다. 교구의 몇몇 사제님은 상당히 헌신된 분들이었다. 몇몇은 수도회 소속이기도 했다. 내가 이곳을 집처럼 느끼는 것이 과연 불가능한 일이었을까? 그런데 이 훌륭한 사제들 중 많은 수가 그 이후로 사제직을 그만 두었다. 그리고 나중에 알게 되었지만 샌디에이고 교구는 레푸지움 페카토룸(refugium peccatorum, '죄인들의 피난처'), 즉 문제 사제들을 위한 곳임을 알게 되었다.

---

18. *The Soul of a Priest* (New York: Loizeaux Brothers, 1938), pp. 43-44.

하루는 오트 사제님이 우리 교구에 예전 사제였던 분이 있으니 내가 그분을 구해주기를 바란다고 말을 하셔서 놀란 적이 있었다. 예전에 사제였던 이 사람에게는 아내와 딸이 있었다.

그분은 말하셨다. "바르트, 당신이 가서 이 사람을 사제직으로 돌아오도록 했으면 합니다. 그는 여전히 천주교도라 미사에 참여를 하고 있습니다. 하지만 반드시 사제직으로 돌아와야만 해요. 그 형제가 미드웨스트 어딘가에서 사제로 있는데 그가 가족을 떠나 자신이 있는 곳에서 사제직을 맡길 원하고 있습니다."

나는 최선을 다하겠다고 약속을 했지만 입이 말랐다.

이때까지 나는 사제직을 그만 둔 사람들은 미친 사람이거나, 술꾼이거나, 이단이거나, 그리고 당연히 '여자를 밝히는 사람'이라고 들어왔다. 하지만 이때까지 '예전에' 사제였던 사람을 만나 본 적이 없었다. 다만 사제직을 그만 둔 사람은 뿔이 두 개 나있고 꼬리가 있을 것이라는 상상만이 있었다. 나는 호기심이 일었다. 그래서 직접 찾아가 보기로 했다. 그날 저녁 나는 한 때 사제였던 그 사람을 만나러 갔다. 초인종을 울리자 아내가 나를 맞이했지만 안으로 들어가도록 허락하지는 않았다. 로만 칼라를 착용하지 않았는데도, 그녀는 내가 누구인지 알고 있는 눈치였다. 나는 그에게 밖으로 나오도록 한 뒤에 몇 분간 이야기를 나눴다. 하지만 그는 교구 사제관이 이야기하기 더 좋겠다고 했다.

"무슨 일이 있어도 보러 가겠습니다." 그는 말했다.

나는 그와 한 번 만났고, 아내와 딸을 떠나 사제직으로 돌아오라고 설득했다. 나는 그에게 비아 코엘리(Via Coeli, '천국을 향한 길')에 가보는 것이 어떻겠냐고 권했다. 이곳은 마음이 흔들리는 사제들을 위한 일종의 수감소 같은 곳으로서, 뉴멕시코의 산타페에 위치한 시설이었다. 나는 그를 설득하여 가족을 떠나 재활할 수 있게 했다는 점에 자부심을 느꼈다.

"신부님" 그가 말했다. "제 아내는 공인 간호사입니다. 아내와 딸과 사랑스러운 가정을 이루고 있어요. 제 아내는 재정적으로도 튼튼하고, 저는 아내와 딸을 떠나 다시 사제직을 맡기에 적합한 위치죠. 형제님 매년 저에게 오셔서 '집으로 오라'고 해주세요. 저는 준비가 되었어요."

"에드" 나는 말했다. "하나님이 이를 축복하실 겁니다. 계속 연락하시죠." 그 만남은 짧았지만 결정적이었다.

하지만 마음 깊은 곳에는 사제직을 그만둔 사람이 가족을 다시 떠나 돌아온다는 것이 믿기지 않았다. 그래서 몇 달이 지난 후 나는 그의 집에 전화를 해서 정말로 비아 코엘리로 향했는지 물었다. 놀랍게도 그가 전화를 받았다. "에드, 바르트입니다. 저는 이미 떠나셨으리라 생각했는데요."

그는 잠시 머뭇거리더니 답을 했다. "바르트, 그러니까 바르트 신부님, 저는 그렇게 할 수 없을 것 같아요. 저는 수 년간 도망을 다니고 있는 중이죠. 하지만 아내와 딸을 버릴 수가 없어요."

우리는 작별인사를 하였고, 나는 전화를 끊었다. 나는 웃으며 혼잣말을 했다. "하나님 감사합니다. 그는 어리석지 않군요."

13년 후, 나는 아내와 아들을 데리고 샌디에이고로 향했고, 나는 이 사람을 찾아봤다. 사과할 거리가 있었기 때문이었다. 그가 문을 열었고, 나는 말했다. "에드, 저를 기억하세요? 저도 이제 사제직을 그만 두었습니다. 저도 가족이 있고요. 예전에 가족을 버리고 사제직으로 돌아가시라고 했던 것을 사죄하려고 왔습니다." 그는 나를 오래 살펴보았다. 그러더니 얼굴에는 눈물이 흘러내렸다. "바르트, 오래 전에 당신을 용서했습니다. 그리고 몇 년 전에 아내는 암으로 세상을 떠났어요. 제 딸은 어른이 되었죠. 딸이 지금 부엌에 있는데, 제 비밀에 대해서는 아무 말도 하지 말아주세요. 아시겠지만, 제가 사제였다는 말은 하지 못했습니다. 저는 말하기가 두려워요. 제가 도저히 할 수 없는 일이에요! 딸아이는 과거에 대해서 많이 물었지만, 저는 한 번도 이야기하지 못했어요. 딸이 알게 되면 저를 미워할까봐 두려워요. 그건 감당하지 못하겠어요." 우리가 헤어질 때도 눈물은 쉬지 않고 흘렀다.

나는 그에게 마음이 쓰였다. 우리는 서로에게 얼마나 끔찍한 두려움을 가졌던가! 나는 그때 이후로도 그를 만나 이야기도 했지만, 지금도 그에게 마음이 쓰인다. 그는 여전히 자신의 비밀을 숨기고, 죄책감과 가슴이 미어지는 두려움으로 눌려 있기 때문이다. 그는 여전히 어중간한 상태에서 살아가며, 과거에 대해 이야기하기를 두려워하고, 자신의 비밀을 들춰낼 사람들을 만나기 두려워하며, 자신의 고뇌가 죽은 후에도 이어질지 궁금해 한다. 아마도 그의 딸은 이미 알고 있는데도 혼자서 그 말을 꺼내기 두려워하고 있는지도 모른다. 그래서 그들 사이에는 벽이 있을 것이고, 그 벽은 절대로 무너지지 않을 것이다. 나는 그를 위해 종종 기도하고 있지만, 그가 예수님의 말씀을 믿기만 했으면 형용할 수 없는 기쁨과 영광으로 새롭게 되리라는 사실을 알고 있다. 예수님은 "내가 곧 길이요 진리요 생명이니 나로 말미암지 않고는 아버지께로 올 자가 없느니라"(요 14:6), "그러므로 아들이 너희를 자유롭게 하면 너희가 참으로 자유로우리라"(요 8:36)라고 말씀하셨기 때문이다.

블레스드 새크라먼트 교구에서 나는 미래에 대해 생각할 시간을 확보할 수 있었다. 나는 항공모함이나 이오 섬 또는 과달카날 섬의 정글에서 위대한 일을 한 군종 신부에 대한 이야기를 많이 들었다. 나는 유명한 아일랜드인 사제이자 군종 신부인 윌리 도일을 기억했다. 그는 일차 세계대전에 참전하여 최전선에서 죽었다. 그는 영웅이자, 지도자이자, 목자였다. 나는 가능하다면 그와 같이 되고 싶었다. 나는 활동적인 방식으로 하나님을 섬기고 싶었다. 그래서 나는 주교를 보기로 약속을 잡았다. 나는 미해군에서 군종 신부로 일하게 해달라고 허가를 구했다. 주교는 나에게 축복을 해주며 훌륭한 군종 신부가 될 것이라고 말해주었다. 나는 들뜬 마음으로 돌아가, 해군에 들어가기 전 샌디에이고에서 일 년 동안 교구 사역을 마무리했다.

해군에 입대하여 처음으로 개신교 성직자들을 만나 이야기를 나눴다. 루터교, 장로교, 감리고, 침례교, 오순절교 성직자들과 함께 일했다. 해군 군종 학교에서는 스물 네 명이 함께 훈련을 받았는데 가톨릭 사제는 세 명에 불과했지만, 우리는 모든 면에서 우월하다는 느낌을 받았다. 특히 신학에서 그러했다. 겉으로 보기에는 동지애가 있었지만, 우리 셋이 함께 모이면, 개신교 목사들을 'P. B.'라고 불렀다. 즉, 개신교 사생아들(Protestant bastards)이라는 뜻이었다. 어쨌든 그들은 무언가 달랐다. 그들은 우리보다 자신의 소명에 더욱 진지했다.

물론 우리 어머니는 내가 해군에 있는 것을 불안해하셨다. 어머니는 너무 세속적이라고 걱정하셨지만, 어머니와 나 모두 내가 군복무를 하는 사람들 사이에서 일하며 군인들에게 사역하는 것이 특권이며, 만족감을 찾는데 도움이 된다고 생각했다.

처음으로 배치를 받은 날은 정말 흥분되는 날이었다. 나는 캘리포니아 오클랜드에 있는 오크 놀(Oak Knoll) 해군 병원으로 보내졌다. 나는 곧 극동으로 파견되기를 바랐다. 즉 청빈을 서약한 가르멜 수도회 수사가 아닌 계급을 단 군종 사제로 말이다. 나는 사람들과 어울리는 것이 군종 사제에게 기대하는 모습이라는 사실을 알게 되었다. 왜냐하면 그들은 가족이 없기 때문이었다. 칵테일 파티, 예쁜 간호사들과의 연애질, 선원들은 그들의 삶을 더 재미있게 만들었다. 하지만 해군 구역 주변에 있는 다른 군종 사제들은 나를 '고지식한' 사제로 여기기 시작했다. 나는 술을 마시거나 여자를 쫓아다니지 않았다(그때는 어머니와 함께 살았던 때이기도 했다). 맡은 일은 엄격하게 했다. 그때까지 나와 어머니는 사제를 매우 고상한 존재로 여겼다. 하지만 그때부터 나와 어머니는 그들도 인간이며, 종종 경솔하고, 삶에 대한 강한 욕구를 보이며, 무절제하게 살아가는 이들도 많다는 사실을 보게 되었다. 나는 군종 신부들이 주중에 맛있는 음식을 즐기며 주말에는 로스앤젤레스의 카멜 지역이나 라스베이거스를 찾는 모습을 보면서 많은 사제들이 낮에는 사회복지사이고 밤에는 바람둥이라는 것을 깨닫게 되었다. 그들이 고해하는 내용은 이러한 사실에 쐐기를 박았다. 그리고 나는 다시 한 번 천주교 성직자단 가운데 존재하는 이 걷잡을 수 없는 부도덕함이 대부분 고해 때문이라는 사실을 알게 되었다. 이 사제들은 부정한 행동에 대한 고해를 너무나 많이 받기 때문에, 누군가는 모든 마을이 또 다른 페이튼 플레이스(Payton Place, 미국 드라마 제목이자 여러 사건이 벌어지는 마을 이름)에 불과하다고 일반화하기 시작했다. 물론 그들이 이렇게 생각하는 것은 잘못이지만, 많은 사제들은 그것이 사실이라고 믿었고, 젊고 한창 때인 남자들은 그런 기회가 있으면 그저 반응하는 것이었다. 젊은 여성이 젊은 사제에게 '홀딱 반하는' 일은 그렇게 드문 일은 아니었다.

오크 놀에서 일 년을 보낸 후 나는 중위로 진급하였다. 그리고 일본 아츠기 시에 있는 제 1 해병 항공단에 배치되었다. 그곳은 바로 내가 원하는 자리였다. 이 배치 명령을 읽으며 나는 마음이 설레었다. 그리고 해병 항공단에 신고하기 전에 하와이에서 한 주, 그리고 도쿄에서 열흘의 휴가를 받았다.

나는 평생에 여자를 만난 적이 없었다. 하지만 이제 매력적인 젊은 여성을 만날 수 있다는 생각만으로도 매우 신이 났다. 하루는 도쿄 긴자를 걸으며 아름다운 일본 여자를 봤다. 나는 별 망설임 없이 그 여자에게 다가가서 말했다. "실례하지만, 당신과 만나보고 싶군요. 제 이름은 바르트라고 합니다. 이름이 어떻게 되세요?" 그날이 내가 미네코를 만난 첫 날이었다. 그녀는 내가 군인이라고 생각하지 않았고, 게다가 사제라고는 꿈에도 생각하지 못했다.

해병 항공단에 들어간다는 설렘도 미네코를 만나는 일에는 비하지 못했다. 그녀는 내가 본 최고로 아름다운 여성이었다. 매주 몇 차례씩 나는 아츠기 시에서 도쿄로 가는 기차를 타고 니콜라스 피자 가게나 멋진 식당에서 만나 저녁을 함께 했다. 이 젊은 여성에게는 무언가 평화롭고, 고요하면서도 빛나는 것이 있었다. 만난 지 몇 달이 지난, 어느 추운 1월 오후였다. 우리는 점심을 먹기 위해 만났다. 그녀의 호기심과 내가 누군지 묻는 집요한 질문에 나는 내가 사제라는 사실을 털어놓게 되었다. 이 말을 이해하는 데 시간이 조금 걸리는 것 같았다. 그러더니 이렇게 말했다. "나는 당신에게 무언가 매우 다른 면이 있다는 건 알았어요."

아름다운 사랑이 싹트기 시작했지만, 오키나와 후텐마에 있는 헬리콥터 기지에 발령을 받으면서 이 사랑은 급작스럽게 막을 내리게 되었다. 맘에 들지는 않았지만 나는 하나님이 나에게 무언가 말씀을 하시려고 한다고 생각했다.

이 '태평양의 낙원'에서 나의 삶은 상대적으로 평온했다. 적어도 오크 놀에서 온 어떤 군종 사제가 전입신고를 해오기 전까지는 그랬다. 나는 수도원에서 훈련을 잘 받았기 때문인지, 한 번도 '야간형 인간'이 아니었다. 하지만 새로 온 군종 사제는 정반대였다. 그는 밤을 사랑했고, 춤을 좋아했으며, 클럽에도 자주 다니며 여자들에게 매력을 발산하는 일을 즐겼다. 우리는 함께 나하 공군 기지(Naha Air Base)에 있는 장교 회관에 자주 들렀다. 그리고 그곳에서 우리는 C-130 조종사 및 그들의 아내와 여자 친구들과 어울리게 되었다. '팻'은 우리가 나하 공군 기지에 가기 전, 나에게 특별 임무를 줬다. "바르트, 모든 사람이 자네가 사제라는 건 알게 해 줘, 하지만 나는 아니야. 나는 심리학자 역할을 하도록 해줘." 그는 이 일을 유머 넘치게 아주 잘 해냈다. 하지만 어느 날 몇몇 장교 아내들이 그가 섬에 있는 다른 공군 기지에서 십자가가 있는 제복을 입고 있는 모습을 발견하고는 이 장난도 끝이 나버렸다. 팻은 그 과오를 절대로 잊지 못하는 것 같았다.

모두가 끝내주는 장난이라고 생각했다. 팻만 제외하고서 말이다.

나는 오키나와에서 '보통 사람'으로 지낸 것을 자랑스러워했다. 내가 더욱 세상적인 신부로 보이자, 더 많은 천주교도들과 개신교도들이 내 미사에 몰려들었다. 나는 침례교 목사였던 케네스 R. 고든에게 미안한 마음이 들었다. 그는 절대로 우리와 어울려서 놀지 않았고, 책상에는 항상 크고 검은 성경책이 놓여 있었다. 그는 실제로 그 성경을 펼쳐 설교를 했으며, 그 교회에 나가는 이들은 경배 찬양과 구속 찬양을 불렀다. 나는 거친 해병들과 해군들이 성경책을 들고 교회에 가는 것을 보고 크게 놀랐었다. 우리 천주교도들은 절대로 그렇게 하지 않았다. "저 불쌍한 군종목사 같으니, 재미라고는 하나도 모르는 군."

세월이 흘러, 내가 개심한 후에 그의 교회에서 설교할 기회가 있었다. 그런데 그는 오히려 오키나와 시절에 나를 불쌍하다고 생각했다는 것이었다.

그는 그 후에 나에게 보낸 편지에서 자신이 느낀 것들을 다 기록했는데, 이 편지를 두고 '바돌로매 브루어에 관한 기억들'이라고 명명했다.

나에게 브루어 신부는 전형적으로 '종교적인' 로마가톨릭 사제로 다가왔습니다. 그는 자신의 교회의 예식과 관습을 엄격하게 고수했습니다. 그는 날마다 자신의 종교 지침서를 읽는 일을 멈추지 않았습니다. 나는 때로 질투에서인지 분노에서인지는 모르겠지만 그가 자신의 종교적 헌신과 요구사항을, 무언가 불편한 일을 하지 않는 구실로 사용한다는 느낌을 받았습니다. 그 일이란 자신의 책임 영역과 관련된 것으로서, 그가 자신의 '종교적 관습' 때문에 너무나 바빴기 때문에 그가 해야 할 일들을 내가 해야만 했던 것입니다! 나는 다만 그가 성경 읽는데 시간을 쓰기를 바랐습니다.

브루어의 일상에서 가장 중요한 일은 날마다 드리는 미사였습니다. 나는 그가 매일 꼼꼼하게 준비하고 미사에 참여하는 것을 보면서, 하나님의 말씀에서 오는 메시지보다도 최근에 만들어진 기계적인 방식과 예식을 더 중요시하는 것처럼 느껴졌습니다. 하지만 나는 개인적으로 단지 사제와 사람들에게 '종교적 느낌'을 주고, 하나님과 자신들이 안전하다는 거짓된 인식을 주는 것 말고는 그 의식에 아무런 가치도 없다는 사실을 볼 수 있었습니다. 그것도 실질적인 개인의 헌신에 의거한 것이 아니라, 단지 기계적으로

3. 사역과 고뇌

의식을 "행함"에 있는 것이었습니다. 나는 어떻게 하면 바르트의 구원을 이룰 수 있을지 마음이 향해 있었지만, 그는 언제나 피상적이거나 일에 대한 대화를 하는데 바빴습니다.

내 삶과 사역에서 가장 즐거운 순간은 [개신교의] 주일 사역이었습니다. 특히 말씀을 전하고 우리의 삶에 대한 하나님의 뜻을 설명하는 기회는 특히 즐거운 일이었습니다. 반면에 브루어 사제의 설교는 '5분'의 잡탕으로서, 듣는 자들에게 착하게 굴어라, 믿음을 가져라 하고 훈계하는 내용이거나, 노력만 하면 누구라도 할 수 있는 일들뿐이었습니다. 하지만 거기에는 분명한 성경적 근거가 없었습니다. 그의 메시지는 보통 교회의 지침서에서 나온 것이었고, 하나님의 말씀에서 나온 것이 아니었습니다. 나는 그가 하나님의 말씀을 알고 전하기를 얼마나 바랐는지 모릅니다.

우리가 함께 했던 한 행사가 제 기억에 특히 남습니다. 저는 칠 개월 동안 새로운 예배당을 완공하고 필요한 것들을 설치하는 일에 공을 들이고 있었습니다. 그리고 봉헌 예배가 있는 날이 되었습니다. 공군 시설 관리 책임자로서 저는 이 프로그램을 준비하라는 지시를 받았습니다. 그래서 여러 참석자들과 접촉을 하고 모든 인원들과 자재들을 준비하는 일을 했습니다. 물론 우리는 천주교 군종 신부에게도 이 일을 도와달라고 했습니다. 처음에는 "반드시 해야 하는 것은 아니다"라며 거부를 하더군요. 저는 그 예배당이 개신교도들과 천주교도들 모두를 위해 만들어진 것이고, 그가 이 기지를 책임지는 군종 사제이기 때문에 관여하는 것이 옳다고 했습니다. 그도 동의를 했지만 자기 역할은 최소한으로 해달라고 했습니다. 천주교 사제들은 축도로 잘 알려져 있다는 생각이 들어 저는 바르트에게 예배 마무리 부분을 맡아달라고 했고 그도 동의했습니다. 그런데 이야기 직후에 그는 저를 어리둥절하게 만들었습니다. 좋은 축도문을 알고 있느냐고 묻는 것이었습니다! 저는 아론의 축도를 제안했습니다. ("여호와는 네게 복을 주시고 너를 지키시기를 원하며 ...") 그는 좋은 선택이라고 하면서 이 축도문이 있는 책을 가지고 있으면 복사하도록 빌려달라고 해서 저를 더욱 놀라게 만들었습니다. 저는 제가 가지고 있는 개신교 성경에서 이 말씀을 찾아 그에게 보여주었고, 그는 복사를 해갔습니다. 그리고 봉헌식 날에, 저는 실소를 하고 말았습니다. 바르트는 자신이 타자를 쳐온 종이를 찾지 못해 결국 제 성경책을 빌려가 그 축도문을 읽었던 것입니다.

제 아내와 저는 여러 차례 바르트를 초대해서 저녁을 함께 하려고 했습니다. 하지만 그때마다 다른 약속이 있는 것 같았습니다. 격식 있게 겉으로는 매우 감사하다고 했지만 매 번 거절을 당하자, 우리는 그가 우리의 호의를 받아들일 뜻이 전혀 없다고 느꼈습니다. 우리는 그가 그렇게 거절한 것이 우리의 영적인 의도를 경계한 것이고, 우리가 가능하면 자신을 '개종'하려고 시도할 것이 부담이 되어 그랬다는 점을 깨닫는데 몇 년이 걸렸습니다.

저는 바르트가 안쓰럽다고 생각합니다. 그가 만약 자신의 교회에 대해서 그러했듯이, 예수 그리스도에게 헌신된 거듭난 그리스도인이었다면, 많은 사람들에게 참된 영향력을 미칠 수 있었기 때문입니다. 저는 그가 교만하게도 자신이 안전하다고 느꼈지만 시스템의 노예가 되어, 그리고 영적인 암흑에 사로잡혀 살아가고 있는 자로 보였습니다. 저는 바르트의 입장, 즉 "천주교회만이 하나님께로 나아가는 유일한 길이며, 우리는 완전히 옳다. 너희들은 틀렸고 잃어버린 자들이다."라는 주장에 말로 표출하지는 않았지만, 제 나름의 생각이 있었습니다.

저는 당시 그의 지식과 확신이 실제로 성경에 대한 지식이

나 영적인 깊이에 기인한 것이 아니라 철학과 사회학에 근거한 것이라는 점을 깨닫지 못했습니다. 저는 그 기지에 있던 다른 군종 장교들 역시, 이러한 교육을 받았기 때문에 나오는 그의 독선적인 모습과 견해에 혼란스러워했던 기억이 납니다. 저는 바르트와 그가 알고 지내던 사제들에게 어느 정도 경외감을 느끼기도 했습니다. 왜냐하면 저는 로마가톨릭 사제들에게 일종의 두려움이 있었기 때문입니다. 어렸을 때부터, 저는 그들이 입은 길고 신비한 검은색의 예복과 그들이 보여주는 권위에 대한 태도에 경외감을 느끼고 있었기 때문입니다.

바르트가 본토의 다른 자리로 돌아갈 것을 명받았을 때에도 우리는 그와 대화하려고 애를 썼지만, 그는 짧은 인사말을 남기고 돌아가 버렸습니다. 그리고 자신의 상태나 계획에 대해서 묻는 질문은 다 무시했습니다. 그는 몇 년 후에야 제가 이미 믿고 설교했던 많은 것들과 관련된 영적인 질문을 해결하기 위해 애쓰고 있었다는 사실을 말했습니다. 또 몇 년이 지나고 우리는 바르트의 소식을 접하게 되었습니다. 저는 제가 '검은 바르트' 신부로 알고 있던 바로 그 사람이 침례교 목사가 되려고 지원했다는 사실을 알고 완전히 할 말을 잃어버렸습니다.

분명히 이루 말할 수 없는 기적이 일어났을 것입니다. 저는 스스로에게 물었습니다. "로마가톨릭의 전형과도 같은 사람이 자신의 삶을 예수 그리스도에게 헌신하고 참으로 거듭나는 것이 가능한 일인 것인가?"

제 의문은 그 후에 바르트가 갑자기 애리조나에 있는 우리 교회에 나타났을 때 해결되었습니다. 그는 아내와 아들과 함께였습니다. 그리고 그때 우리는 바르트를 초대해 저녁을 먹으며 그리스도인의 교제를 나누자고 제안했고, 그는 받아들였습니다. 우리는 영광스러운 시간을 보냈습니다!

미국에서 출간한 표지

PILGRIMAGE
FROM ROME

마침내 찾은 진리

4

새로운 삶

새로운 삶

제 칠일 안식교와 엘렌 G. 화이트 부인

배우는 나날들

은사주의와 교회 연합 운동

천주교도를 향한 사명

새로운 삶

오키나아와 태국에서 15개월 동안 군종 사제로 복무한 후, 이제 집으로 돌아갈 시간이 되었다. 기쁘게도 나는 캘리포니아 롱비치에 있는 해군 기지로 배치되었다. 도착해 보니 내가 떠났을 때와 별반 달라진 것은 없었다. 어머니는 내가 군종생활에 잘 적응한 모습을 보시고는 매우 기뻐하셨다. 동생 폴은 결혼을 했다. 나는 일을 하고 싶어 안달이 나 있었다. 어머니와 나는 기지 근처에 아파트를 하나 구했고, 일상생활을 시작했다. 날마다 미사를 드리고, 고해를 듣고, 아기들에게 세례를 주고, 개종하려고 하는 자들에게 교리문답을 했으며, 아픈 사람이나 유족들을 방문했다.

우리 작은 아파트에서 거의 매일 밤, 어머니와 나는 성경을 연구했다. 그리고 연구를 하면 할수록 교회의 신조와 하나님 말씀 사이에서 불일치하는 점들을 발견하게 되었다. 질문에 질문이 꼬리를 이었다. 왜 그러한가? 무엇 때문에 교회는 성경에서 그렇게 멀어졌는가? 왜 전통이 단순한 신앙보다 더 중요해졌는가?

나는 이미 천주교회의 권위에 대해서 의심하기 시작한 상태였다. 하지만 마음에는 두려움이 있었다. 내 세상이 무너져 내리는 것 같았다. 그리고 때로는 하늘이 흔들리는 것만 같았다. 종종 나는 스스로에게 물었다. "어떻게 그저 필라델피아의 한 사제에 불과한 내가 교부들, 교황들, 순교자들, 성인들의 글에 의문을 제기할 수 있는가?" 나는 교회를 떠난 후에 그 죄의 무거운 짐으로 삶이 산산조각 난 사제들의 이야기도 들었다. 은둔처로 물러나 하나님과 사람을 모두 버린 사람들도 있었다. 자살을 감행한 사람도 적지 않았다.

내 영은 불안하고 괴로웠다. 하지만 이제 진리를 찾는 과정에서 더 이상은 돌아갈 수 없다는 사실을 봤다. 엄청난 결정을 내릴 때가 된 것이었다.

나는 미 해군에서 명예로운 전역 증명서를 받았고, 롱비치에 있는 우리 아파트에는 새로운 사람이 이사를 왔다. 어머니와 나는 샌디에이고가 있는 남쪽이 아닌 북쪽으로 짐을 보냈다. 이것은 현실이었다. 나는 다시 교구로 돌아가지 않을 것이다.

북쪽으로 향하는 길에 우리는 캘리포니아 산호세에서 멀지 않은 길로리라는 작은 마을을 지나갔다. 나는 차를 세우고 어머니에게 기다려달라고 했다. 나는 미사용품을 챙겨 성당에 들어가 고해실 옆에 두었다. 이제 탯줄은 끊어졌다! 마침내 내가 옳다고 생각한 일을 실천에 옮긴 것이다.

나는 그 날부터 새로운 삶으로 들어섰다. 내가 한 때 삶이라고 불렀던 마법을 떠나지 않았으면 절대로 이해하거나 진가를 알아볼 수 없던 그 삶으로 말이다. 나는 온 마음을 다해 주님께 돌아

섰고, 거짓 신과 거짓 종교의 굴레에서 자유롭게 되었다. 나는 이 발걸음을 뗀 것을 절대로 후회하지 않았다. 단 한 순간도!

그 때가 1963년이었다. 그리고 나는 모든 것을 다시 시작했다. 나에게는 하나님의 뜻을 따른다는 것 말고는 아무런 계획도 없었다. 다른 많은 사제들과 마찬가지로, 나는 고독한 사람이었다. 다양한 사람들과 알고 지냈지만 친구는 극히 드물었다. 찾아가서 조언을 구할 사람이 없었다. 더욱이, 나는 믿을 수 없을 정도로 순진해서 어떻게 생계를 유지해야 할지도 몰랐다.

나는 어머니와 길로리에서 북쪽으로 향했다. 동생과 제수씨는 샌프란시스코 근처 베이 아레나에 살고 있었다. 나는 그곳이 새로운 삶을 시작하기에 좋은 곳이라고 생각했다. 다행히 전역금으로 페어팩스라는 자그마한 마을에서 작은 아파트를 구할 수 있었다. 금문교에서 약 20분 떨어진 곳이었다.

하지만 그 돈을 다 쓰는 데는 오랜 시간이 걸리지 않았다. 그래서 나는 백과사전을 파는 일을 구했다. 그리고 이 일을 하면서 이 사회의 각계각층에 있는 모든 사람에 대해서 알 수 있었다. 샌프란시스코는 지구에서 가장 국제적인 도시이고, 그곳에 사는 사람들도 참으로 다양했다. 나는 열심히 일했다. 종종 밤늦게까지도 일하면서 내가 생계를 꾸릴 수 있다는 것을 증명했다. 나는 우리 지역에서 최고로 실적이 좋았다. 하지만 나의 주목적은 하루빨리 전업으로 주님의 일을 하는 것이었다.

백과사전 판매원의 경험은 하나님만을 섬기겠다는 결심을 더욱 굳게 해 주었다. 내가 만난 많은 사람들은 성공 여부를 떠나 모두 피곤하고, 마음이 병들고, 낙담한 듯 보였다. 그들에게는 사회적, 재정적 문제뿐 아니라 개인적, 가정적으로 문제가 있었다. 그들은 행복을 찾아 동분서주했고, 모든 새로운 유행과 오락을 시도했지만 결국 모든 일이 환멸로 귀결된다는 사실을 깨달을 뿐이었다.

그러면 나 자신은 어떠한가? 나는 하나님에 대해 괜찮은 지적인 지식을 소유하고 있었다. 하지만 하나님의 구원을 경험하지 못했다는 사실을 알고 있었다. 내 영혼은 텅 비었고, 공허했고, 불안했다. 내가 복음을 전하는 사역자가 되려면 그의 은혜를 더 알아야 했다. 내 삶이 변해야만 했다. 내게는 중생이 필요했던 것이다.

우연히 어머니와 내가 살던 곳 건너편에는 루터교 교회가 있었다. 그래서 어느 날 나는 용기를 내어 목사님 사택의 문을 두드렸다. 유쾌한 남자가 나를 맞이하며 물었다. "무슨 일이시죠?"

나는 목사님께 내가 예전에 사제였다고 말씀을 드렸다. 잠시 있더니 그분은 나에게 루터교 목사가 되는 것은 어떻겠냐고 물으셨다. 나는 기분이 우쭐했다. 목사님은 내게 몇몇 루터교 신학대학을 알아보라고 하셨는데, 가까운 캘리포니아 버클리에도 학교가 하나 있다고 했다. 그는 말했다. "거기는 자유주의 학교에요.

하지만 듣고 싶지 않은 내용은 듣지 않으면 그만이죠." 이 말에 내 관심은 사라지고 말았다. 그래서 목사님은 나에게 로스앤젤레스에 있는 사무실에서 루터교 지도자들을 만나면 좋겠다고 권하셨다. 그래서 나는 실제로 그들을 만났지만, 그들은 냉담하고 교만했다. 그들은 분명히 자기만족에 빠져 있었다. 그리고 나는 루터교회 전체가 혼란에 빠져있다는 사실을 알게 되었다. 즉 자유주의자들과 하나님의 말씀을 엄격하게 해석하는 자들 사이에 분열이 있을 것이라는 사실이었다. 게다가 몇몇 사역자들은 길을 잃은 나머지 부도덕한 사람이나 괴팍한 성품을 지닌 자들도 설교단에 오르도록 허용한다는 것이었다. 몇몇은 심지어 천주교에 기울었다고도 했다. 나는 내가 이 교회에서 도움이 되지 않겠다고 결론을 내렸다.

이때 쯤 내 안에서 하나님의 뜻을 찾는 과정에서 중요한 문제 세 가지를 발견하였다. 바로, 개신교 사역자가 될 것, 교회 연합 운동을 피할 것, 그리고 마지막으로 가장 중요한 것은 신앙이든 행동이든 성경을 나의 최후의 권위로 삼겠다고 결심하게 된 것이었다. 하지만 여전히 나는 개심하지 않은 상태였다.

그때 이미 어머니는 제 칠일 안식일 재림교회를 다니고 계셨다. 그리고 지금 생각하면 미소가 번지는 일이지만, 어머니는 의도적으로 안식일교회 책자들을 아파트 주위에 두셔서 내가 그것들을 읽도록 하셨다. 나는 물론 그렇게 했고 그 내용이 매우 흥미

롭다고 생각했다. 나는 또한 안식일교 텔레비전 프로그램인 '기록된 바'(It Is Written)도 재미있게 보고 있었다.

그러는 동안 우리가 강력히 요구를 하면서, 동생과 제수씨도 로스앤젤레스로 이사를 왔다. 우리도 이사를 해서 근처인 알람브라에 있는 제 칠일 안식일 예수재림교회를 다니기로 했다. 사람들은 놀라울 정도로 교양 있고, 다정하고, 높은 도덕적 규범을 지니고 있었다. 내 동생도 예언에 관한 특별 메시지에 감명을 받았다. 고해실, 형상, 십자가의 길, 촛불, 향냄새, 제단이 없었으며, 예배 순서도 영감이 있었다. 그러던 어느 저녁, 목사님은 그리스도의 재림에 대해서 설교를 하셨다. 나는 이런 내용을 전혀 들어본 적이 없었다. 그리고 목사님은 바로 성경에서 이 설교를 하고 있었다.

그래서 나는 목사님과 약속을 잡았다. 그리고 안식일교에 대해서 들으면 들을수록, 그들이 교육, 약학, 해외 선교 등 다방면에서 행한 놀라운 일들에 감명을 받았다. 나는 교회에 등록하고 세례를 받았다. 목사님은 나에게 교회 직원이 되라고 하셨고, 글렌데일에서는 총회 지도자들을 만나기도 했다. 그리고 몇 주 후에는 그 교회에서 처음으로 설교 요청을 받았다.

나는 그곳에서 설교를 마친 직후였던 그 토요일 아침을 평생 잊을 수 없을 것이다. 모든 예배가 끝나고, 교회 입구에 남아 있던 두 소그룹 말고는 모두가 떠났다. 나는 어머니와 동생과 제수

씨 및 몇몇 친구들과 이야기를 하던 중에, 현관을 보다가 깜짝 놀라고 말았다. 너무나 아름다워 눈이 부신 젊은 여자가 서있었던 것이다. 내가 그 여자를 꽤 오래 쳐다봤던 것 같다. 내가 다시 우리 무리에 주의를 돌리고 보니 모두가 나를 바라보고 있었던 것이었다! 나는 무슨 이야기를 하고 있었는지도 잊고 말았다. 내가 말을 더듬으며 다시 대화에 끼려고 하는데 폴이 물었다. "저기 여자를 본 거야?"

"그래." 그러자 동생이 물었다. "근데 누구야?"

나는 말했다. "나도 몰라. 그런데 한 가지만 얘기하자면 난 저 여자랑 결혼할 거야. 저 여자가 내 미래의 아내라고."

폴은 웃음을 터뜨렸다. "저 여자에게 그 소식을 알리기 전에 먼저 소개라도 받아야 하는 거 아니야?"

나도 동의했다. 하지만 어떻게 그 여자를 만날 것인가? 나는 교회에 나온 지 오래 되지 않아 모르는 사람이 많았다. 또 그 여자를 전에 본 적도 없었다. 아마도 교회를 방문한 사람이리라 추측만 했다. 나는 이름도 모른 채로 그 여자가 사라져 버리는 것은 아닌지 두려웠다. 바로 그때, 어머니가 나를 한쪽으로 부르시더니 그 여자의 어머니를 안다고 말씀해주셨다. 다른 안식일교회에 다닌다는 것이었다. 그래서 소개가 이루어졌다.

현관에서 있던 그 사소한 일은 큰 반향을 일으켰다. 즉시, 모든 사람들이 이 일을 알게 된 것 같았다. 그리고 너무나 많은 이야기를 듣는 바람에 그 여자를 만날 때 교회사람 모두가 지켜보는 것은 아닌가 생각이 들었다. 아마도 그 때문인지 저녁 식사를 하자고 묻기까지 용기를 내는데 2주나 걸렸다. 그때쯤 나는 교회 사람 모두를 초대해서 함께 가자고 해야 하는 건 아닌지 생각할 정도였다. 그런데 당시 목사님이 그리스도의 임박한 재림에 대해서 하도 강력하게 말씀하셔서 나는 루스와 알게 되기도 전에 재림이 임하는 것은 아닌지 두려웠다. 나는 천국에 가고 싶었지만 그때 당장은 아니었다.

루스와 두 번 만난 후 나는 사랑에 빠졌다. 그래서 교회로 데려가 아는 모든 사람들에게 소개를 했다. 사제였던 키 크고 깡마른, 어느 우울해 보이는 사내가 루스를 아내로 맞으려 한다는 소문이 금세 퍼졌다. 친구들에게는 말할 필요도 없었다. 그들은 이미 다 알고 있었다. 내 생각에는 그냥 나를 보기만 하고도 알았던 것 같다.

우리가 만난 지 삼 주되던 어느 화창한 오후에 차를 타고 라 크레센타(La Crescenta) 근처에 있는 작은 언덕에 있는 공원으로 갔다. 나는 루스에게 사랑한다는 말을 하고 싶었지만 어떻게 말을 꺼내야 할지 몰랐다. 우리는 멕시코 음식을 홍보하는 큰 광고판을 지나가고 있었다. 루스는 광고판을 가리키더니 말했다. "저는 멕시코 음식을 좋아해요."

"제가 좋아하는 건 뭔지 아세요?" 내가 물었다.

"뭔데요?" 그녀가 물었다.

"당신이에요." 내가 말했다.

바로 그 순간 내 불쌍한 차가 과열이 되었는지 불연음을 내더니 털털거리는 소리를 냈다. 그러면서 냉각기 뚜껑이 날아갔고, 자동차 앞창에는 물이 온통 흩뿌려지고 있었다. 다행히 근처에 나무 그늘이 있었다. 나는 차를 식히기 위해 그곳에 차를 멈췄다.

괴로운 침묵의 시간이 지나고, 나는 다시 처음부터 시작하기로 했다. "제가 무슨 말을 했는지 들으셨나요?" 나는 물었다.

그녀는 고개를 끄덕였다.

그때 나는 말했다. "루스 당신을 사랑해요."

그 아름다운 갈색 눈에 비치는 빛은 그녀도 나를 사랑하고 있다는 것을 보여주고 있었다. 나는 무슨 말을 해야 할지 몰랐고, 그녀도 아무 말을 하지 않았다. 우리는 조용히 거기에 앉아 있다가, 나는 다시 시동을 걸어보려고 했다. 이번에는 차가 움직이는 것 같았다. 그래서 나는 다시 공원을 향해서 운전해 가며 미시간 베리언 스프링스에 있는 제 칠일 안식일 예수 재림교 신학교에 들어가서 성경과 안식일교의 가르침을 배우기로 했다고 말했다. 나는 그녀에게 나와 함께 가겠느냐고 물었다.

그녀는 내가 말한 의도를 거의 믿지 못하는 것 같았다.

그녀는 물었다. "무슨 뜻이에요?"

"무슨 뜻인지 알잖아요."

"아니요, 저는 모르겠어요."

실랑이를 하며 몇 킬로미터를 더 간 뒤에 마침내 그녀는 말했다. "알았어요. 무슨 말을 하든지 하고 싶은 말을 해봐요."

마침내, 나는 물었다. "저와 결혼해 주실래요?" 이번에는 그녀가 할 말을 잃었다. 일초 일초가 몇 시간 같이 흘렀다. 나는 그녀가 어떻게 답했는지 정확히는 기억이 나지 않는다. 어쨌든 "네"였다. 내게 중요한 것은 그녀가 그렇게 말했다는 사실뿐이었다.

나는 신학교에 있을 때 선생님들이 계속 이렇게 말했던 기억이 났다. "모든 남자에게 하나님은 한 여자를 창조하셨다. 그 여자는 저기 바깥 어딘가에서 여러분을 기다리고 있다. 그 여자를 만나지 않기 위해 조심하라!" 물론 이러한 말은 경고의 의미였다. 달아나라! 둘러 가라! 그 여자를 보면 가장 가까운 출구로 달아나라! 지금 그러한 말을 떠올리니 웃음이 났다.

나는 가장 적당한 때, 가장 적당한 곳에서, 가장 적당한 여자를 만난 것이다.

얼마 후, 나는 그녀의 부모님에게 허락을 구하는데 말을 꺼내기가 쉽지 않았다. 어쨌든 고맙게도 허락해 주셨고, 우리는 결혼 날짜를 정했다. 그리고 이날은 우리에게는 영원히 이중 기념일이 되었다. 왜냐하면 결혼일이 7월 4일(미국 독립기념일)이었기 때문이다(물론 이날이 우리의 독립 기념일이라는 뜻은 아니다.).

그리고 지금 이날까지도 나는 주님께서 우리의 길을 십자가로 향하도록 허락하신 사실에 놀라게 된다. 그리고 우리는 방향을 바꿔 구원과 영생을 향하여 난 길로 함께 달리며 서로를 돕고 수없이 많은 이들을 도왔다.

우리는 조용한 결혼식을 원했다. 하지만 목사님이 이 소식을 들으시고 전 교인에게 발표를 해버리셨다. 그래서 우리 계획도 변경되었다. 교인 분들이 특별한 결혼식을 계획하기 시작하셨다. 자연히 루스와 나는 큰 예식에 필요한 비용을 걱정하게 되었다. 하지만 목사님은 감사하게도 모든 것을 처리해 주시겠다고 우리에게 장담해주셨다. 그분들은 놀랍도록 후한 사람들이었다.

그 다음 주, 교회의 여자 분들이 루스에게 선물 파티를 열어주셨다. 루스는 세 벌의 드레스 중 하나를 고르라는 제안도 받았다. 또 어떤 분은 결혼식을 총괄해주시겠다고 했다. 다른 분들도 각기 꽃, 축하 연회 및 그 외의 모든 것을 해주시기로 했다. 우리 결혼식은 짧은 결혼식이었다. 시작부터 끝까지 하룻밤에 끝나도록 계획을 했다. 이런 경사에 필요한 모든 것들, 즉 신부 들러리 옷, 선물, 케이크, 음료수 및 연회를 위해 필요한 잡다한 것들은 대부분의 남자, 특별히 예전에 사제였던 사람에게는 떠올리기 힘든 것들이었다.

나는 믿을 수 없었다. 사제였던 내가, 그렇게나 많은 결혼식을 집전했던 내가, 이제 신랑이 된다니! 이는 이해할 수 없는 일 같앉다.

결혼식날, 웨딩 드레스를 입은 루스는 천사처럼 보였다. 제단 앞에서 신부를 바라볼 때, 내 마음은 사랑과 자부심으로 충만했다. 모든 것이 우아하고 아름답게 이루어졌다.

결혼식 두 달 후에 루스와 나는 사역을 위한 공부를 시작하기 위해 베리엔 스프링스로 떠났다. 우리 모두 수업이 많았다. 루스는 앤드루스 대학 4학년이었고, 나는 신학대학원생이었다. 그리고 거기 수업들은 내가 예전에 알던 모든 것 이상으로 성경을 열어 주었다. 나는 그곳에서 12개월 동안 천주교 신학교에 있던 모든 기간보다도 성경에 대해서 더 많이 배웠다. 루스와 나는 캘리포니아에 계신 서로의 부모님에게서 멀리 떠나, 같이 일하고 기도하며 함께하는 새로운 삶에 적응할 충분한 시간을 가졌다.

나는 공부 중에 특별히 에드워드 헤펜스톨 교수님의 수업 '믿음으로 인한 의'에 감명을 받았다. 이 수업에서 나는 로마서와 갈라디아서를 통해 진정으로 구원을 이루는 것이 무엇인지를 이해했다. 율법은 우리에게 우리가 어떠한 죄인인지를 보여주며, 우리가 그 율법을 지킬 수 있는 능력이 없음을 보여준다. 그리스도는 율법을 성취하셨다. 그는 우리 죄의 저주를 지시고, 나를 위해 그리고 온 세상을 위해 그 형벌도 당하신 것이다.

루스와 내가 결혼했을 때, 우리 모두 내가 구원을 받았다는 느낌을 받았다. 나는 선했으며, 옳은 일을 해왔기 때문에 누가 선행으로 구원을 받을 수 있다면 그건 바로 나였다. 루스는 내가 구원에 관한 지식이 있는 것은 알았다. 하지만 또한 내 마음 안에 그리스도의 개인적인 임재가 부족하다는 사실도 볼 수 있었다. 나는 개인적인 헌신에 깊이 관심이 있지는 않았다. 나는 그리스도가 나의 삶에 하고 계신 일에 대해서는 한 번도 얘기하지 않았다. 내가 얘기하는 대상은 거의 교회와 교회가 하는 일에 대해서였다.

1964년 어느 날, 루스는 물었다. "바르트, 당신은 정확히 언제 그리스도인이 된 거예요?" 내 대답은 거의 분노에 차 있었다. "그걸 왜 묻는데요?" 그리고 말했다. "나는 태어날 때부터 그리스도인이었어." 바로 거기서 우리는 무언가 잘못되었다는 사실을 깨달았다. 아내는 다른 질문으로 이어갔다. "바르트, 그럼 언제 예수님이 당신의 주인이자 구세주가 되셨지요? 언제 당신은 의식적으로 그리스도를 당신의 삶에 받아들였나요? 언제 당신은 그리스도에게 당신의 뜻을 완전히 순종하고 삶을 그분께 드렸어요?"

나는 세례를 받았을 뿐더러 언제나 하나님을 믿었다고 말했다. 어렸을 때부터 나는 예수님이 내 죄를 위해 돌아가셨다고 배웠다. 나는 처음 홀리 힐에 갔을 때 내 삶을 그분께 드렸다. 나는 이 사실은 명백하다고 말했다. 나는 그리스도가 죄인들을 위해 죽으셨다는 사실을 모른 채로 10년 동안 신학교와 수도원에서 그 모든 과정을 거치고 사제가 되는 사람은 없다고 설명했다.

처음에 나는 아내에게 내 오류를 인정하지 않았다. 하지만 나는 곧 내가 틀렸다는 사실을 깨닫기 시작했다. 나는 나의 의와 나의 선행으로 그리스도가 우리에게 주신 의를 대체하려고 했던 것이었다. 많은 천주교도들처럼 나는 단지 지적인 동의나 지식적인 수용으로는 한 사람의 마음과 삶을 그리스도에게 복종시킬 수 없다는 사실을 깨닫지 못했던 것이다. 지식만으로는 한 사람을 잃어버린 상태에서 구할 수 없다. 나는 그 나라에 대해서는 엄청나게 잘 알지만 그 나라의 시민은 아닌 사람과 같았다.

이제 나는 사람이 용서를 받고 의롭다고 선포되는 것은 성사나 어떤 종교 기관을 통해서가 아니라 그리스도를 통한 것임을 안다. 그리스도는 "죽기까지 복종하셨으니 곧 십자가에 죽으심"(빌 2:8)을 당한 분이시다. 이는 영광스럽게도 단순하다. 사도 바울은 이렇게 썼다. "십자가의 도가 멸망하는 자들에게는 미련한 것이요 구원을 받는 우리에게는 하나님의 능력이라"(고전 1:18). 그리스도는 갈보리에서 우리를 대신하셨다. 그래서 성경은 이렇게 기록한다. "내가 그리스도와 함께 십자가에 못 박혔나니 그런즉 이제는 내가 사는 것이 아니요 오직 내 안에 그리스도께서 사시는 것이라 이제 내가 육체 가운데 사는 것은 나를 사랑하사 나를 위하여 자기 자신을 버리신 하나님의 아들을 믿는 믿음 안에서 사는 것이라"(갈 2:20). 또한 다음과 같이 놀라운 말씀도 있다. "의인은 믿음으로 말미암아 살리라." 이 말씀은 나를 전율케 했다. 또 다음 말씀도 있다. "너희는 그 은혜에 의하여 믿음으로 말미암아 구원을 받았으니 이것은 너희에게서 난 것이 아니요 하나님의 선물이라 행위에서 난 것이 아니니 이는 누구든지 자랑하지 못하게 함이라"(엡 2:8-9).

내가 아직 신학대학원에 있던 어느 영광스러운 날, 성령님께서 하나님의 말씀을 통해 나로 하여금 예수 그리스도께 그의 흘리신 피로 내 죄를 씻어달라고 구하도록 만드셨다. 그때 나는 내 죄를 회개했다. 바로 거기에서 나는 그리스도를 나의 주님이자 구세주로 영접했다. 나는 나의 모든 공로가 하나님이 보시기에는 '더러운 옷'(사 64:6)에 불과하다는 사실을 보았다. 나의 지적인 성취조차 아무 것도 아니었다. 나는 주님의 참된 의로움을 받기 위해 자기의를 포기했다. 나의 구원의 공로는 갈보리에서 완성된 것이었다.

나의 개심에서 놀랍거나, 극적이거나, 매우 감정적인 부분은 전혀 없었다. 다만 내가 더 이상 죄악 가운데 죽지 않고 그리스도와 함께 살게 되었고, 부활하여 그리스도와 함께 새로운 삶을 얻게 되리라는 담담한 확신이 들 뿐이었다. 내 영혼 깊은 곳에서 나는 내가 믿던 분이 누구인지 알게 된 것이다!

그날부터 나는 내면의 평화와 기쁨으로 가득하게 되었고, 나를 얽매였던 사슬이 영원히 사라진 것을 알았다. 나는 자유롭다!

나의 시민권은 하늘에 있다! 나는 왕의 자녀가 되었다. 나는 영원히 주님과 연합하게 되었다. 나를 향한 하나님의 뜻은, 내가 그를 개인적으로 나의 대속물, 나의 주님, 나의 구세주로 알게 되는 것이다.

오, 나는 천주교도 친구들에게 그의 은혜로 족하다는 사실을 얼마나 말하고 싶은지 모르겠다. 이는 성사를 통한 영적인 처방책으로는 그렇게 할 수 없다. 나는 성경이 모호하고 신비로운 책이 아니라는 사실을 소리 높여 외치고 싶다. 이는 온전하며, 또한 완전히 하나님의 영으로 된 것이다. 이는 하나님의 말씀으로서 구원의 계획을 펼치신 것이다. "모든 성경은 하나님의 감동으로 된 것으로 교훈과 책망과 바르게 함과 의로 교육하기에 유익하니"(딤후 3:16)

나의 성경책, 거룩한 책이라네
하늘의 진리와 비치고
모든 구절이 진리를 말하네
당신에게 말씀하네, 나에게 말씀하네

나의 성경책, 여기 내가 따를 기쁨이 있네
구속의 은혜의 기록
죄악된 인류에게 주시는 기쁜 소식

당신을 위한 좋은 소식, 나를 위한 좋은 소식

나의 성경책, 이 책에만
하나님의 거룩하신 뜻이 나타나네
그리고 사람을 향한 하나님의 사랑 보이네
당신을 향한 그의 사랑, 나를 향한 그의 사랑

- C. E. 포스터 부인

제 칠일 안식교와 엘렌 G. 화이트 부인

우리가 탄 소형차는 탈탈거리며 캘리포니아 터헝가 마을을 향하여 난 비탈길을 오르고 있었다. 그곳이 내가 목회할 제 칠일 안식교회였다. 한 때 휴양지로 널리 알려졌던 터헝가는 이제 더 거대하고 호화로운 스파들에 밀려나긴 했지만, 여전히 기분 좋은 곳이었다.

차를 멈추자 차는 귀에 들릴 정도로 한숨을 내쉬었다. 나는 한 때 감리교회였던 반세기가 지난 한 건물 앞에서 차를 멈추었다.

건물 사방에서 자신을 돌봐달라고 소리치는 것 같았다. 깨진 창문과 창틀, 그리고 수북이 쌓여 있는 잔해들은 이 교회가 파괴되고 오랜 세월 방치되었음을 보여주고 있었다. 내벽 일부는 마무리가 되지 못한 상태였고, 페인트는 세월의 흐름에 따라 갈라져 있었다. 하지만 어떤 이유에선지 이 건물은 자그마한 옛 여인이 긴 치마에 단추로 잠그는 구두를 신은 모습을 떠올리게 만들었다. 본당은 잘 보존되어 있었다. 소박하면서도 괜찮았다. 하지만 1968년 여름날의 공기는 바람 한 점 일지 않았고, 건물은 숨 막힐 듯 뜨거웠다.

첫 예배를 드리기 30분 전까지 루스와 나는 한 명이라도 오기는 할까 초조해했다. 우리는 적어도 열두 명이 오기를 바라고 있었다. 그런데 놀랍고 기쁘게도 오십 명이 넘는 사람이 찾아왔다. 몇몇은 심지어 과일, 채소, 통조림 등을 선물로 가지고 왔다. 매우 좋은 출발이었다.

내 첫 설교는 모든 목사가 구원의 좋은 소식과 주님 안에서 성장을 전하는 일에 집중해야 한다는 것이었다. 많은 자유주의 교회에서 보통 하는 것처럼 사회 문제와 관련된 쓸 데 없는 이야기를 하는 대신 말이다. 성경 본문은 마태복음 4:17 말씀, "회개하라 천국이 가까이 왔느니라"였다. 설교를 하면서 나는 새로운 목사에 대한 호기심이 관심으로 바뀌고, 관심이 열정적인 반응으로 변하는 것을 보았다. 나는 그 모습에 압도되었고, 내 영혼을 황홀하게 했다. 나는 이제 그리스도를 높이는 설교자가 된 것이다. 나는 더 이상 예전에 사제였을 때처럼, 성경으로 설교하는 것을 두려워하지 않게 되었다. 나는 더 이상 직접 성경에서 설교를 하면서 나의 주교를 배제하는 것은 아닌가 하는 두려움에 망설이지 않아도 되었다. 나는 사자와 같은 용기와 새로운 책임을 느꼈다. 성경이 나의 닻이고, 그분의 구원이 나의 메시지였다.

나는 비록 안식일교 신학대학원에서 필요한 모든 학업 과정을 마무리했고 로스앤젤레스에 있는 화이트 메모리얼 제 칠일 안식일 예수교 재림교회에서 삼년간 훈련을 받았지만, 아직 안식일교 목사로 안수 받은 것은 아니었다.

몇 달 후에 글렌데일에 있는 발레이오 드라이브(Vallejo Drive) 안식일교회에서 내 안수식이 열린다는 연락을 받았다. 나는 친척들과 친구들을 많이 초대하여 이 기쁜 일을 함께 나누고자 했다.

그날, 나를 포함해서 두 명이 안수를 받았다. 예배 첫 순간부터 나는 로마가톨릭의 사제 서품식과 대조를 하지 않을 수 없었다. 목사 안수식에는 겉치레나 허식이 없었고, 찬양대도 없었으며, 주교와 우리 위에 임명된 상급자들에게 순종을 서약하며 바닥에 엎드리는 부복식도 없었다. 다만, 많은 회중들과 교회의 장로들이 증인으로서 단순하면서도 덕이 되는 예배를 드렸다. 설교자는 우리에게 기쁨과 열정을 가지고 주님을 섬기며 우리의 공동체를 복음의 우리 안으로 인도하라고 도전하셨다. 나는 모인 모든 분들 앞에서 간증을 하였는데, 주님되시는 구세주를 찬양하는 내용이었다. 왜냐하면 나는 예수님의 제자인 빌립 처럼 이렇게 선포할 수 있었기 때문이었다. "모세가 율법에 기록하였고 여러 선지자가 기록한 그이를 우리가 만났으니 요셉의 아들 나사렛 예수니라"(요 1:45). 나는 영혼과 육체가 새롭게 되어 새 힘을 얻은 것 같았다. 그리고 내 옆에 있는 루스와 함께 우리가 접할 모든 이에게 그리스도의 영광스러운 복음의 빛을 전하겠다고 결심하였다.

제 칠일 안식교의 안수식은 모종의 신비감과 독특한 기운을 내뿜었다. 왜냐하면 그들은 사람의 헌신도나 성경 지식만이 아니라, 개인의 삶의 모습을 보고 대상자를 선정하기 때문이었다. 그리하여 직접 본을 보이며 사람을 이끌 수 있게 하려는 것이었다. 이 일은 힘든 것이었다. 나는 매주 세 편의 메시지를 준비해야 했고, 교회 성도들을 방문하며, 공동체 내에서 선교 사역을 해야 했고, 그 외의 사소한 일들도 많았다. 우리의 기쁨 때문에 이 의무가 수월하게 보이기도 했지만, 나는 저 위대한 드와이트 L. 무디와 같이 "나는 사역 중에 지칠 수는 있지만, 그 사역에 지치지는 않는다"고 말할 수 있었다.

나는 안식일교 신도들을 엄청나게 존경했다. 그들은 다정했고, 열심히 교회 활동에 참여했다. 우리는 열정적으로 오래된 건물을 재단장하는 계획을 세웠고, 봉사자들이 정기적으로 모여 그 계획을 실행해갔다. 페인트 붓이 빠르게 다녔고, 창이 수리되었으며, 조경 작업이 시작되었다. 우리는 친구들과 이웃들이 함께 모두의 선을 위해 조화롭게 일할 때, 초기 미국을 건설했던 그 정신이 우리 안에 되살아난 것 같은 느낌을 받았다. 건물 전체가 전혀 새로운 외관을 지니게 되었으며, 성도들은 영적으로나 수적으로나 성장하게 되었다.

시간은 흘러갔다. 하지만 우리의 기쁨을 막고 마음에 불안감을 일으키는 단 한 가지가 있었다. 그것은 바로 많은 안식일교도들이 엘렌 G. 화이트(Ellen G. White)의 저작과 가르침에 지나치게 의존한다는 점이었다. 처음에는 사소한 것처럼 보였기에, 나도 설교할 때 가끔 인용하기도 했다. 그의 책 『시대의 소망(The Desire of the Ages)』을 읽었을 때는 그 내용이 감명 깊고 아름답다고도 생각했고, 그리스도의 재림이 가까웠다는 예측에는 나도 기뻐했다. 심지어 안식일교도들이 토요일을 안식일, 즉 휴식의 날로서 지키는 것도 해가 되지 않는 것처럼 보였다. 물론 불편하기는 했다. 왜냐하면 안식일교도들은 토요일에는 모든 일과 사업을 멈추기 때문에 공동체와 조화를 이루지 못하는 면이 있었기 때문이었다. 하지만 나는 그렇게 하는 것이 실제로 잘못된 것이라고는 여기지 않았다.

일 년에 한 번 제 칠일 안식일 예수 재림교 남부 캘리포니아 총회 세미나를 열었는데, 그 명칭은 '테스티머니 카운트다운' (Testimony Countdown)이었다. 이 세미나의 목적은 목회자들과 사모님들에게 화이트 부인의 가르침을 이해하도록 돕는 것이었다. 루스와 나는 이 세미나를 간절히 고대했다. 우리는 화이트 부인과 그분의 메시지에 대해서 최대한 많은 것을 알기 원했다. 하지만, 동시에 나는 우리 적은 무리가 오직 성경만을 믿음의 마지막 권위로 바라보기를 원했다. 나는 천주교회가 그 박사들의 저작을 사도들의 저작과 동일한 권위로 받아들여야 한다고 주장하는 것에 반대했던 것처럼, 현재에 자신이 하나님께 영을 받은 선지자라고 주장하는 그 어떤 사람에게도 반대했다.

물론 나는 화이트 부인의 저작이 안식일교도들 사이에서 중요하게 여겨진다는 사실은 알고 있었다. 하지만 세미나에서 보니 안식일교를 이끄는 장로들이 그 저작들을 선지자 사무엘, 다니엘, 세례요한의 글과 동일한 권위가 있는 것으로 여긴다는 사실을 알게 되었다.[19] 강연자가 화이트 부인의 예언과 해석은 최종 권위로 받아들여야 하며, '오류가 없다'고 가르칠 때 나는 실망하고 말았다. 또한 화이트 부인 스스로도 자신의 해석이 오류가 없다고 생각했던 것이 분명해 보였다. 『증언들(Testimones)』이라는 책에서 그는 이렇게 썼다. "제가 경고와 책망의 증언을 여

---

19. 화이트 부인 자신도 이런 취지의 말을 했다. *Testimonies for the Church* (Mountain View, CA: PAcific Press, 1948), V, p. 661. 참고.

러분께 전할 때, 여러분 중 많은 수는 이를 그저 화이트 자매의 의견으로 치부합니다. 하지만 그렇게 함으로써 여러분은 하나님의 영을 모욕하는 것입니다." 그는 자신이 마음먹은 모든 것에 자신이 최고의 권위자라고 여겼다. 자신의 의견과 다른 의견들은 무시하였고, 많은 방문자들에게는 신랄한 반대신문을 펴서 자신과 세밀한 차이라도 있는지를 확인했다고 한다. 또 자신이 쓴 내용은 하나님께 직접 계시를 받은 것이라고 주장하기도 했다. "나는 단지 내 생각을 표출하기 위해 글에 쓴 사항은 하나도 없다. 그것들은 하나님이 계시로 내 앞에서 열어주신 것이다."[20]

물론 나도 화이트 부인이 이룬 것들을 알고 있고, 그의 가르침이 제 칠일 안식일 예수재림교회의 핵심 교리가 되었다는 점도 알고 있었다. 하지만 나는 그것들을 성경과 동등한 것으로 받아들일 수 없었다. 몇 차례에 걸쳐 나는 계속해서 설교 때 화이트 부인의 가르침을 경시한다는 이유로 '지적'을 받았다. "브루어 목사는 엘렌 화이트의 가르침을 믿지 않는다. 그는 절대로 화이트를 인용하지 않는다."라는 루머가 돌았다. 또 다른 의심의 근거는 내가 메시지를 전할 때마다 마지막에 구원받지 못한 자들을 앞으로 나오게 해서 그리스도를 주님이자 구세주로 받아들이도록 초대했다는 점 때문일 것이다. 나는 평범한 안식일교 목사가

---

20. *Testimonies for the Chruch*, V, p. 67.

아니었다. 하지만, 사람들은 앞으로 나와서 그리스도를 공개적으로 영접하고 종종 회개의 눈물을 흘리기도 했다. 말씀을 전함으로 말미암아 삶이 변화되었다. 나는 성경 이외의 그 어떤 자료도 찾지 않았다. 하지만 안식일교도들은 그 이상을 원했다. 즉, 내가 화이트 부인의 저작과 가르침을 통달하기 원했던 것이다.

하루는 어떤 모임에 소환이 되었는데, 몇몇 불평들이 내 주목을 끌었다. 그날 저녁, 나는 루스에게 나를 향한 고발 내용 중 몇몇은 진실이고, 그들의 관심은 그저 화이트 부인일 뿐이라고 말했다. 심지어 나를 비판하는 사람들도 내가 성경에 충실하다는 사실은 인정했다. 나는 내가 화이트 부인의 예언과 해석에 의문을 제기하기만 하면 교회 지도자들과 반복적으로 갈등을 빚게 된다는 사실을 알았다. 이에 대해서 생각하면 할수록 나는 그 교리를 받아들일 수 없는 교회에서 목사로 남아 있는 것은 윤리적이지 않다고 확신하게 되었다.

나는 또 다른 교황이나 현대의 선지자들을 따르지 않을 것이다. 내가 가장 엄격한 수도회 소속 천주교 사제였을 때, 성 토마스 아퀴나스의 저작은 교리처럼 받아들여야 한다고 들었다. 하지만 그는 성경을 그저 참고 서적 정도로 여겼다. 그는 오류를 가르쳤고, 우상숭배와 이방 종교의 전통을 발전시켰다. 화이트 부인도 그 정도가 덜하다고 하더라도 사람들을 잘못 인도하고 있었다. 그녀는 "내가 너희 중에서 예수 그리스도와 그가 십자가에 못 박히신 것 외에는 아무 것도 알지 아니하기로 작정하였음이라"(고전 2:2)고 쓴 사도 바울을 부인했다.

안식일교를 떠나기로 결정하기란 쉬운 일이 아니었다. 우리는 그 사람들을 사랑했고 감사했다. 내가 그리스도를 나의 주님이자 구세주로 알게 된 것이 바로 안식일교 신학대학원이었다. 또한 나의 소중한 아내를 만난 곳도 바로 이 교단이었다. 그리고 내가 성경을 경외하고, 연구하고, 가르치고, 설교하게 된 것도 이 무리 안에서였다.

매주 세 번씩, 나는 라디오 설교자인 친구의 스튜디오를 방문하여 녹음을 했다. 그 시간은 언제나 교제와 영적인 충만함이 있는 시간이었다. 내가 처한 곤경에 대해서 이야기하자, 그는 이렇게 말했다. "바르트, 자네의 입장을 굽히지 말게. 자네의 유일한 권위는 성경이야. 교회가 성경과 의심스러운 관계를 유지한다면, 자네는 반드시 교회가 아닌 성경을 따라야 하네." 나는 그 어느 때보다 성경에 의한 기독교는 주님이자 구세주이신 그리스도와 개인적으로 동행하는 것이며, 화이트 부인이나 교회의 성직자들이 명하는 법을 따르는 것이 아니라는 사실을 알았다.

내가 안식일교회에서 전한 마지막 설교 본문은 히브리서 1장 3절 말씀이었다. "이는 하나님의 영광의 광채시요 그 본체의 형상이시라 그의 능력의 말씀으로 만물을 붙드시며 죄를 정결하게 하는 일을 하시고 높은 곳에 계신 지극히 크신 이의 우편에 앉으셨느니라." 내가 마지막으로 이곳에서 메시지를 준비할 때, 이 말씀은 나에게 위로와 위안을 주었다. 예배 시간 마지막 순간, 나는 이날로 교회와 교단을 사임하며 돌아오지 않겠다고 공표했다. 이 말이 충격이었던 것 같다. 왜냐하면 몇 사람을 제외하고는 모두가 나의 사역을 지지하고 받아들였기 때문이었다. 우리가 존경하던 총회 임원 중 한 분이 그 날 교회에 계셨는데, 나의 사임 소식에 어쩔 줄 몰라 하셨다. 모든 사람은 그분의 눈물과 혼란감과 심지어 총회 지도자들을 향한 억울한 심정도 보았다. 모든 안식일교도들이 화이트 부인이 진정한 선지자라고 확신하는 것은 아니다. 교회 지도자가 아니라면 그런 견해를 얼마든지 견지해도 좋다. 하지만 목사나 교사는 그럴 수 없다.

이 글을 쓰는 지금에도 나의 안식일교 친구들은 교단 분립을 향해 가고 있다. 담대한 젊은 목회자들과 몇몇 신학자들은 이렇게 말한다. "우리는 틀렸다! 우리가 남은 자 교회라는 것은 틀렸다. 우리는 1844년 예언에도 틀렸다. 그 이후로 많은 연도와 예언이 있었지만 아무 것도 성취되지 않았다. 화이트 부인을 참된 선지자로 믿었던 우리는 틀렸다." 하지만 여전히, 특히 최고 지도자들 중에서는 조금도 물러날 생각이 없는 자들이 많다. 많은 안식일교도들이 자신이 틀렸다는 사실을 인정하고 있음에도 말이다. 그 이유가 완고함인지, 교만함인지, 자리를 잃을까 두려움 때문인지는 알 수 없다.*

루스와 나는 그 힘든 시기에 위로의 전화와 편지를 많이 받았다. 몇몇은 우리를 방문하고 격려의 말을 전하기도 했다. 그러면서 우리도 깊은 감동을 받았다. 또 우리는 하나님께 기대하고 감사했다. 왜냐하면 하나님의 말씀으로 나아갈 때 "헛되이 내게로 되돌아오지 아니하고 나의 기뻐하는 뜻을 이루며 내가 보낸 일에 형통함이니라"(사 55:11)고 하셨기 때문이다.

오직 우리 인간만이 이렇게 묻는다. "우리는 여기서 어디로 갈 것인가? 우리는 어떻게 살 것인가?" 우리는 처음 목회지에 부임할 때 터헝가에 집을 산 상태였다. 집값이나 공과금도 높았고, 당장 내일도 암울했다. 하지만 우리의 두려움에도 불구하고 우리는 주님이 우리를 인도하시고 어떻게든 공급하실 것을 알았다.

다음 날 나는 사직서를 보냈다. 이 일을 후회하지 않았다.

나는 끔찍한 패배자처럼 보였다. 나는 두 번째로 몇 년을 공들인 교회를 떠나고 말았다. 나는 두려웠다. 하지만 나는 복음 사역을 그만 둔다는 생각을 단 한 번도 한 적은 없었다. 하나님의 은혜로 문이 열린 곳이라면 어디에서든지 하나님의 말씀을 전할 것이다.

아마도 우리는 우리를 기다리고 있던 일을 알았더라면 더욱 두려워했을 지도 모른다. 왜냐하면 하나님은 아직도 우리가 하나님의 사역을 감당하기에 더욱 유용한 그릇이 되기 위해 더 가르

---

* 제 칠일 안식일교에 대한 더 많은 정보를 책 뒤편에 있는 부록 C에 실었다.

치셔야 할 것이 있었기 때문이었다.

배우는 나날들

안식일 교단을 사임한 후에, 나는 작은 교회에서 임시 목회직을 맡았다. 루스는 어느 부유한 가정에서 파출부를 하는 등 여러 가지 일을 했다. 하지만 매주 비용이 소득을 훨씬 앞서가면서 재정적인 현실에 부딪히고 말았다.

하루는 루스가 부엌에서 설거지를 하다가, 숨 죽여 울며 팔로 눈물을 닦아내고 있었다. 어머니는 식탁에 앉아 있었고, 나는 세 살 된 아들 스티브의 장난감을 고치고 있었다.

나는 무엇이 문제인지 알았다. 그래서 내 마음도 무거웠다. 나는 달리 어찌할 바를 몰라 발끝으로 몰래 걸어가 팔을 둘러 아내를 안았다. 아내는 나를 돌아보았고, 손에는 설거지물이 떨어지고 있었다. "오 바르트, 우린 어떻게 해야 하나요? 그렇게 열심히 했지만, 아무도 알아주지 않는 것 같아요. 우리는 모든 게 부족해요, 게다가 존슨 부인이 전화를 하더니 한 달 간 휴가를 떠나서 돌아올 때까지는 제가 필요 없대요. 어떻게 해야 할지 모르겠어요."

우리는 단 몇 푼이라도 남기기를 바라며 집을 내놓았다. 부동산 업자가 며칠 후에 오더니 우리가 산 액수와 똑같은 금액에 팔라고 하는 것이었다. 그는 우리에게 그 가격을 받아들이라고 권했다. 그래서 우리는 집을 팔면서 한 푼도 남기지 못했다.

몇 주 후 나는 캘리포니아 리치몬드로 초대를 받았다. 하나님의 교회(Church of God, 미국의 교단)의 청빙 위원회에 인터뷰를 보기 위해서였다. 나는 하나님의 교회라는 교단에 대한 지식이 부족했지만, 인터뷰를 마친 후에는 그들과 나는 서로의 필요에 부합할 수 있다는 생각이 들었다. 그래서 우리는 이사를 했고, 나는 샌프란시스코 근처에 있는 베이 에이리어의 비스타 힐스 커뮤니티 교회의 목사가 되었다.

그곳은 작은 교회였다. 첫 예배를 드릴 때는 열여덟 명이 출석했다. 하지만 교회에는 대규모 어린이집이 있어서 우리는 성장할 잠재성이 충분하다고 생각했다. 루스와 나는 삼 개월 후인 부활절까지 교회를 가득 채우겠다고 다짐했다. 우리는 광고도 많이 했고, 지역 사회를 위한 새로운 프로그램도 시작했다. 그러한 결과 부활절에는 백 명이 넘게 출석했다. 하지만 처음부터 거대한 영적 무관심이라는 구름이 교회와 리치몬드 지역을 덮고 있던 것은 분명했다. 교회는 많은 사회 문제, 대규모 실업, 매우 높은 범죄율로 인해 침체된 지역에 위치하고 있었다. 젊은이들이 시간과 관심을 둘 데가 없었다. 그리고 그 결과는 너무나도 뻔했다.

1970년대 매우 심각한 문제가 베이 에이리어 지역 전체에 영향을 미쳤고, 모든 사람의 안전과 평안이 위험에 빠졌다. 부도덕과 부패라는 거대한 파도가 샌프란시스코, 버클리, 리치몬드, 오클랜드 지역을 덮쳤다. 언젠가 마르틴 루터는 로마가 지옥 위에 세워졌다고 말한 바 있다. 만약 그가 살아있었다면 베이 에이리어에 대해서도 똑같은 이야기를 했을 것이다. 이 지역의 몇몇 부분은 옛적 고린도와 같았고, 소돔과 고모라 같았다. 마치 자석처럼 사회의 해로운 요소들을 모두 끌어들이는 것 같았다. 간통을 저지른 자들, 동성애자들, 마약 중독자들, 절도범들, 폭도들, 급진 혁명가들이 몰려들었다. 대낮에도 길에 서있는 것이 위험했다. 어떤 경우에는 사람들이 지켜보는 번화가에서 강도짓을 당해도 아무도 도와주지 않았다.

바로 이 때 '예수 운동'(Jesus Movement)이 일어났다. 어쩌다 보니 비스타 힐스 커뮤니티 교회도 이 운동과 관련을 맺게 되었고, 금요일 밤에 커피점을 열기로 했다. 불안해하는 무리들을 길거리에서 끌어들이고 그들을 훈련하기 위해, 우리는 지역 성경대학 학생을 청년 사역자로 삼았다. 매주 금요일 저녁이면 예배당은 밝은 색상, 약하게 켠 불, 탁자와 의자를 불규칙적으로 배치한 최신 분위기로 변했다. 그리고 '복음' 음반들로 활기 넘치고 리드미컬한 음악을 틀었다. 우리는 길에서 제멋대로인 모든 세대의 사람들에게 접근하여 우리 멤버들과 함께 관심 있는 아무 주제에 대해서 "수다"나 떨자고 초대했다. 그러면 우리 상담자들이 예수님에 대해 증언하는 방식이었다.

비스타 힐스 커뮤니티 교회는 잘 알려지게 되었다. 하지만 이 모임이 또한 바보들의 행렬같이 되어버리는 바람에 나는 무언가 조치를 취해야 하겠다고 결심했다. 커피점을 내겠다는 생각은 불행히도 그리스도에게 많은 영혼을 이끌지 못했다. 어떤 멤버는 내가 설교할 때 예수님의 이름을 너무 많이 들먹인다고 불평했다. 또 다른 이는 내 메시지가 너무 길다고 했다. 어떤 이는 나에게 성경을 너무 많이 인용하지 말라고 했다. 또 어떤 무리는 예배당이 너무 교회같이 보인다고 했다. 그 중 하나는 내가 예배의 형식에서 최대한 많이 벗어나야 한다고 요구했다. 성가대 옷도 없애고 설교단을 벗어나서 예배당 바닥에서 무리와 '수다'를 떨라는 것이었다.

얼마동안은 그들의 마음에 들도록 노력했다. 하지만 내가 노력하면 할수록 그들은 더 많은 것을 요구했다. 나는 그들이 예배당을 해체하여 하나님의 말씀이 선포되는 건물이 아닌 그저 사교실로 만들려고 작정했다는 사실을 깨달았다. 그들은 교회를 끌어내려 자기들의 수준으로 만들려고 했던 것이다. 내가 동의하지 않자, 그들은 말싸움을 시작하고, 나에게 분노를 표출하며, 무례하게 굴었다. 그들은 자기 맘대로 교회를 떠나면서 말씀에 힘쓰는 자들에 대한 존경심이 전혀 없음을 증명했다.

바로 이때 활기찬 어느 젊은 부부가 교회에 출석하게 되었다. 여차여차하다보니 그들은 내가 '오순절' 경험을 했다는 사실을 알게 되었다. 그들은 나에게 물었다. "왜 교인들에게 그 경험에 대해서 이야기 하지 않으시나요? 그렇게 하면 교회는 더욱 영적으로 될 거예요. 교회에는 불이 필요해요! 교회에는 능력이 필요해요! 오순절 경험은 교회를 활기차게 만들 거예요!"

우리 교회에 영적인 고양이 필요하다는 사실은 의심의 여지가 없었다. 그래서 나는 은사주의 운동을 한 번 살펴보기로 결심했다. 이 운동은 마침 나라를 휩쓸고 있었다. 이에 대해 더 잘 이해하기 위해서 나는 로마가톨릭 학교인 홀리 네임스 대학에서 열리는 성령에 관한 세미나에 참석했다. 여기에서는 개신교와 가톨릭 지도자들이 '형제 사랑의 영으로' 만나 방언과 예언을 포함한 성령의 은사 대해 이야기하는 자리였다.

또한 세미나에서는 이런 이야기를 했다. "죽은 교회와 살아있는 교회의 차이를 만들어내는 것은 바로 성령님입니다. 성령님은 교단의 차이와 상관없이 사람을 나누시지 않고 하나로 만드십니다." 성령님의 임재에 비해 교리는 매우 평가 절하 되거나 전혀 중요하지 않은 것으로 치부되었다.

세미나를 마무리하는 시간이 되면서, 우리 모두는 큰 방에 모였고 많은 이들이 손을 들고 방언과 예언을 시작했다. 나는 고개를 숙이고 아무 말도 하지 않고 있었다. 그러나 놀랍게도, 누군가 내 어깨에 손을 대는 것이 느껴졌다. 그리고 온화하면서도 아버지 같은 목소리로 이렇게 말하는 것이었다. "하나님이 당신을 나와 같은 사역에 부르십니다." 소위 이 예언이라는 것에 놀라 눈을 뜨고 보니 데이비드 두 플레시스(David du Plessis)라는 유명한 은사주의 지도자였다. 내 옆에 앉은 천주교 주교는 내 손을 잡더니 이렇게 말했다. "밖으로 나갑시다." 방을 떠나자 그는 이렇게 말했다. "그 말 들었어요? 오, 얼마나 놀라운 하나님의 계시인지!" 나는 놀라서 한 마디도 할 수 없었다.

나는 이상하게도 성령에 대해 모든 것을 알고 싶어 안달이 난 상태로 교회에 돌아왔다. 나는 방언과 예언이 나타나는 것을 목격했다. 나는 내가 복음 사역의 핵심적인 측면을 무시한 것은 아닌지 궁금했다. 이제 나는 성령님이 우리 교회에 힘을 주시고 그 상처를 치유하실 수 있는지도 알고 싶었다.

하지만, 아무리 봐도 성령 사역을 통해 굉장히 이질적인 신앙을 가진 모든 이들이 갑자기 그리스도인의 사랑이라는 기치 아래 화해할 수 있다는 은사주의 및 교회 연합 지도자들의 주장에 마음이 뒤숭숭했다. 무엇보다도 우리 교회나 나의 삶 때문에 하나님의 뜻에 반하고 싶지는 않았다. 하지만 나는 이렇게 물을 수밖에 없었다. "만약 이것이 사실이라면, 저는 하나님의 말씀과 분명히 반대되는 교리들은 어떻게 해야 합니까? 성경이 진리의 근원이지 않습니까? 천주교, 몰몬교, 안식일교 등등이 변하여 다시 사도의 교회가 되는 것입니까? 표범이 그 점을 바꿀 수 있습니까?" 나는 속임수가 로마가톨릭교회에만 국한된 것이 아니라는 사실을 깨달았다. 왜냐하면 많은 자유주의 교회들이 사람들을 진리에서 떠나게 하는 신조를 설교하는데, 이들은 하나님께 수치이다.

나는 성령이 홀로 일하지 않으신다는 사실을 알고 있었다. 삼위일체, 즉 성부, 성자, 성령은 콩가루 집안이 아니다. 따라서 성령이 모든 차이와 진리의 말씀에서 이탈한 모든 것을 화해시킨다고 말하는 것은 이단이다.

그리고 나서 나는 교회 연합 운동과 은사주의 운동을 주의 깊게 살펴보는 것이 굉장히 중요한 일이라는 것을 알았다. 왜냐하면 우리는 그들이 의도하는 것이 무엇인지, 그들이 얼마나 진실한지, 그들이 어디로 이끄는지를 알아야하기 때문이다. 나는 단 한 가지 핵심을 알고 싶었다. 교회 연합, 은사운동은 진리를 예고하는 것인가?

은사주의와 교회 연합 운동

캘리포니아 반 누이스에 있는 어느 교회 예배당의 한 방에서 약 열 다섯 명 되는 무리가 저녁에 모여 '성령 세례'를 구하고 있었다.

> 이르되 너희가 믿을 때에 성령을 받았느냐 이르되 아니라 우리는 성령이 계심도 듣지 못하였노라 바울이 이르되 그러면 너희가 무슨 세례를 받았느냐 대답하되 요한의 세례니라 바울이 이르되 요한이 회개의 세례를 베풀며 백성에게 말하되 내 뒤에 오시는 이를 믿으라 하였으니 이는 곧 예수라 하거늘 그들이 듣고 주 예수의 이름으로 세례를 받으니 바울이 그들에게 안수하매 성령이 그들에게 임하시므로 방언도 하고 예언도 하니(행 19:2-6)

이 말씀을 들은 후, 모든 사람이 강단을 향해 무릎을 꿇고 기도하고 간구했다. 주의를 산만하게 하는 일이 없도록, 불빛은 어둡게 하고 문은 닫아 두었다. 곧 조용하게 웅얼거리는 소리가 났는데, 마치 바람에 나무가 살랑거리는 소리 같았다. 그러더니 파도가 이는 듯, 때로는 찬양, 때로는 간구하는 소리가 웃음과 눈물에 뒤섞여 들렸다.

　이미 '알려지지 않은 언어'를 말한 경험이 있다고 주장하는 몇몇 사람들이 영적 코치처럼 행동했다. 그들은 이를 구하는 사람들 사이를 조용히 지나다니면서, 특히 머뭇거리는 사람에게 "혀를 자유롭게 하세요."라고 강권했다. 간구하는 사람들에게는 혀가 풀어지거나 또는 꼬이게 될 때까지 "하나님께 영광" 또는 "할렐루야"와 같은 문구를 계속해서 더 빠르게 되풀이하라고 권했다. 무아지경에 이르기까지 심취한 사람들은 바닥에 누워 눈을 감은 채로 있도록 했다. 계속 '방언'을 구하는 이들을 위해 머리를 받칠 베개도 가져왔다.

　잠시 후 낮게 윙윙대는 소리가 부드러운 소란으로 변했다. 한 명씩, 그리고서는 두 명씩, 재잘거리는 소리를 내기 시작한 것이다. 그러더니 몇몇이 아무도 이해하지 못하는 말을 시작했다. 어떤 이는 몇 분간, 어떤 이는 더 길게 그런 소리를 냈다. 하지만 그곳에 있는 어느 누구도 한 마디도 이해하지는 못하는 것 같았다. 그리고 나서는 모임이 끝났다. 모든 사람은 사랑하는 형제들이 가장 행복한 행사에 함께 모인 것처럼, 그리스도인의 진실한 교제가 터져 나오는 가운데 함께 서 있었다.

　나 또한 이때 무아지경으로 말을 하는 경험을 했다. 하지만 나의 경우에는 극적이지도 않았고 특별히 인상적이지도 않았다. 심지어 나 자신에게도 그랬다. 그 경험은 조용하고 순간적이었다.

나는 강단에서 일어나, 옆에 물러나서 그곳에서 발생하는 일들을 목격했다. 그리고 나는 깜짝 놀랐다는 점을 실토해야만 할 것이다. 나는 이렇게 묻지 않을 수 없었다. "이것이 2차 세례인가? 그저 종교적 관념이거나, 정서적으로 찬양을 깊이 경험한 것은 아닌가?"

이후 몇 달 동안 나는 이렇게 열광적으로 언어를 말하는 것이 이 시대를 향한 예언의 성취인지 또는 기쁨을 감정적으로 표출해 내는 것인지에 대해서 연구하고 깊이 생각했었다. 나는 고린도와 그 외의 지역에 있는 초기 교회에 주어진 많은 놀라운 은사에 대해서도 읽었다. 나는 그리스도가 승천하시고 첫 10년 동안에 세워진 초대 교회들은 믿음이 약하고 이해가 부족했다는 사실도 알게 되었다. 그 당시 아직 신약은 기록되지 않았었고, 새로운 그리스도인들은 수많은 우상숭배자들 및 적들에게 둘러싸여 있었다. 그래서 나는 물었다. "현재에도 방언이 한 사람의 삶에 성령님이 임재하심을 보여주는 본질적인 표식인가? 이것이 오늘날에 해당하는 2차 세례인가? 그러한 말은 오늘날도 이해할 수 있는 언어인가? 우리는 어떻게 알 수 있을 것인가?"

내가 우려하는 것은 내가 반 누이스에서 보고 경험한 것을 훨씬 넘어서는 것이었다. 왜냐하면 세계적으로 은사주의와 교회연합 운동에 대해, 개신교단과 천주교회 양쪽에서 논란이 일고 있었기 때문이다.

그 논란의 핵심은 두 가지 질문이었다. 첫째, 성령은 그리스도인이 자신의 삶에서 그리스도를 영접한 후에, '구분되는 별개의 세례'로서 믿는 그리스도인의 삶에 임하시는 것인가? 둘째, 오늘날 성령님의 임재는 오순절 때 그러했던 것처럼 방언으로 입증되는 것인가? 다른 말로 하자면, 방언을 하는 것이 아니면 성령님이 충만하심을 소유할 수 없는 것인가?

이 질문들은 단순한 사색 그 이상의 것이다. 이 질문들은 20세기에 가장 중요한 종교적 질문이다. 왜냐하면 교회연합 운동 지도자들은 은사주의 운동을, 아무리 좋게 말해도 미심쩍은 목적을 위해 사용하고 있기 때문이다. 두 운동은 같은 곳으로 향한다. 왜냐하면 많은 은사주의 및 교회 연합 운동 지도자들이 성령을 통해 교단들의 차이점이 사라지고 그 의미가 없어진다고 주장하기 때문이다. 전 세계 최고의 교회(super one-world church)를 향해 나아가는 현재 교회 연합 운동은 은사주의 운동에서 강력한 탄력을 받고 있다. 그리고 우리가 보게 될 것처럼, 소위 은사주의자들이 말하는 영감을 받은 가르침을 전 세계 최고의 교회를 지지하는 '하나님의 계시'로 인용하기 때문이다.

성령님이 개신교와 가톨릭, 또는 모르몬교와 감리교, 또는 크리스천 사이언스교와 감리교의 교리적 차이를 없애버리신다는 가르침은 완전히 성경에 반하는 것이다. 이는 마치 성령님이 거짓 가르침과 성경의 간극을 없애신다는 뜻과 같다. 오늘날 그리스도의 신성과 동정녀 탄생을 부인하는 자유주의 개신교 교회가 많이 있다. 모르몬교, 크리스천 사이언스교, 안식일교와 같은 교회들은 완전히 성경에 위반되는 자신들만의 책이 성경과 동급이거나 성경보다 우월하다고 주장하며 그 내용에 의지한다. 하지만 성경은 말한다. "다른 이로써는 구원을 받을 수 없나니 천하 사람 중에 구원을 받을 만한 다른 이름을 우리에게 주신 일이 없음이라 하였더라"(행 4:12). 사도 바울은 예수 그리스도를 말씀하신 것이다. 그리고 하나님은 자신이 "큰 음녀"(계 17:1)와 전쟁을 벌이실 것이라고 선포하셨다. 이는 마지막 날의 세계 정부와 함께 보좌에 앉을 세계 교회를 말한다.

물론, 우리는 오순절에 방언의 기적이 일어났다는 사실을 안다. 성경이 그렇게 말한다. 하지만 이는 오늘날에도 동일하게 유효한 것인가? 아니면 이는 성경의 이야기에만 있는 특정한 때에 특정한 목적을 위한 것인가?

오순절 날 장면을 그대로 다시 한 번 살펴보자. 당시는 예수님이 십자가에서 죽으신지 불과 몇 주 지나지 않았을 때였다. 그의 친구들과 제자들은 목숨을 잃을까 두려워 숨어있었다. 새로운 교회를 낳을 생명의 불꽃은 매우 미약했고, 모든 세대의 희망이신 나사렛 예수의 가르침이 큰 불로 퍼져 나갈 가능성도 없어 보였다. 하지만 예수님은 "그가 또 다른 보혜사를 너희에게 주사 영원토록 너희와 함께 있게 하리니 그는 진리의 영이라"(요 14:16-

17)고 말씀하셨다. 그렇게 기적이 임했고, 지금까지 성령님은 우리가 구원받을 때 오셔서 우리와 함께 거하신다.

교단에 따라서 초대교회의 방언과 같은 기적은 성경이 완성된 후에는 필요성이 사라져서 기적은 끝나고 선포한 교단과 기적은 계속 된다고 보는 교단으로 입장차이가 있다.

오늘날 성령님은 믿는 자가 그리스도를 자신의 주님과 구세주로 영접할 때 그에게 세례를 베푸신다. 죄인이 죄를 깨닫고 구원의 필요를 느끼게 하시는 분이 바로 성령님이시다. 그리스도를 믿고 영접하는 자는 "성령의 전"(고전 6:19)이 되며, 성령님은 그 믿는 자와 영원히 함께 거하신다. 성령님은 믿는 자를 "모든 진리 가운데로"(요 16:13) 인도하신다. 하지만 우리는 성령님을 시험하지 말아야 한다. 하나님을 시험하지 말아야 하는 것과 마찬가지로 말이다. 몇몇 은사주의자들은 대담한 예언들을 한다. 그리고 어떤 사람들은 기적을 일으켰다고 주장하지만 그것들은 분명히 거짓이다. 그들은 그렇게 함으로써, 하나님을 시험하는 것이다.

아마도 하나님을 시험한 자들의 극적인 예로는 다음과 같은 사건을 들 수 있을 것이다. 물론 좋은 뜻이었겠지만 오순절교도 중에 잘못된 생각으로 예배에 방울뱀에 손을 대는 순서를 넣은 자들이 있었다. 그들 중 상당수는 뱀에 물려 죽고 말았다. 분명히 예수님은 다음과 같이 말씀하셨다. "뱀을 집어올리며 무슨 독을 마실지라도 해를 받지 아니하며 병든 사람에게 손을 얹은즉 나으리라"(막 16:18). 하지만 그들은 "주 너의 하나님을 시험하지 말라 하였느니라"(마 4:7)는 말씀을 잊었던 것이다.

우리는 모든 영적인 것들을 판단할 때 지혜로워야 한다는 사실을 안다. 우리는 열매로 판단한다. "그들의 열매로 그들을 알지니 가시나무에서 포도를, 또는 엉겅퀴에서 무화과를 따겠느냐 이와 같이 좋은 나무마다 아름다운 열매를 맺고 못된 나무가 나쁜 열매를 맺나니"(마 7:16-17).

따라서 우리는 오늘날 은사주의 운동의 열매를 살펴보자. 그들은 아름다운 열매를 맺고 있는가? 은사주의자들의 개인적인 관계는 어떠하며, 그들의 선언은 어떠한가? 전 세계 교회연합 운동에서 은사주의 운동이 차지하는 역할은 어떠한가?

나는 많은 은사주의자들이 통탄할만한 해로운 오류들을 만들어내며, 그들 중에 많은 신실한 자들이 의도치 않게 다른 사람들에게 조종을 받아 하나님께 영광을 드러내지 못하는 목적을 향해 가고 있다고 믿는다.

나는 하나님께 계시를 받았다고 주장하는 은사주의자들이 그 계시를 오용하는 것을 수없이 목격했다. 그중 몇몇은 자신들이 하나님과 직통 전화선이 있는 것처럼 행세하거나, 하나님이 그들 곁에 전용 사자를 두시고 말씀하시는 것처럼 군다. 그들은 자신들의 경험이 마치 순간적으로 그들을 영적인 또는 세상적인 문제에 대해 신적인 재판관이나 권세자로 만들어 주는 것처럼 행동한다. 또한 성경이나 교회 역사에 대한 지식은 매우 미약한데도 엄청난 권위를 지닌것 처럼 말을 한다. 나는 자신들이 2차 세례를 받았으며 방언을 한다고 주장하는 자들이 사실은 판단력이 매우 흐리거나, 또는 예언을 하면서도 자신들의 말과 행동이 어떤 결과를 초래하는지 전혀 모르는 경우도 목격했다. 때로 그들은 자신들의 마음이 '내키는 대로' 해도 된다고 하며, 다른 이를 정죄하고 자신들이 하나님의 심판을 계시하는 것이라고 주장했다. 그리고 자신들에게 동의하지 않는 사람이 있으면 이렇게 말한다. "나는 내게 일어난 일을 알고 있다. 나는 옳다! 아무 것도 나를 바꾸지 못한다. 하나님이 말씀하셨다."

어떤 경우에는, 이렇게 선포한 말들이 비극적 결과를 낳기도 한다. 최근에 어느 독실한 여인은 나에게 자신이 한 '텔레비전 교회'의 은사주의 지도자에게서 전화를 받았다고 말해 주었다. 그는 전화에 대고 이렇게 말했다고 한다. "하나님께서는 당신에게 이번 주까지 교회에 이백 달러를 내야 한다고 저에게 전하라고 하셨습니다. 만약 그렇게 하지 않으면 당신은 6주내로 암에 걸릴 것입니다." 당연히 이 여성은 두려움에 빠졌다. 말할 것도 없이, 그녀는 그 사람의 요구가 성경에 반할뿐 아니라, 사실 강탈죄에 해당한다는 사실을 들어야만 했다. 특히 이 여성에게는 그 돈을 만들 방법이 없었기 때문에 더 잔인한 일이기도 했다.

또 한 로마가톨릭 대학 교수가 아내와 이별하게 되면서 우울증에 빠진 경우가 있었다. 그는 천주교 은사주의 기도 모임에 가서 도움을 요청했다. 한 여성이 그에게 손을 얹더니 이렇게 기도했다고 한다. "오 주님, 이 남자를 도우소서. 그를 꺾어 주소서. 그를 산산조각 내소서! 그를 무력하게 만드소서. 그리하여 자신은 아무 것도 할 수 없음을 깨달을 때 그를 다시 세워 주소서, 그 산산조각 난 것들을 다시 합쳐 주셔서 아내와 다시 함께 되게 하소서!" 이 남자는 너무나 두려워 오천 킬로미터 떨어져 있는 어느 그리스도인 친구에게 전화를 걸어 울며 물었다. "하나님이 일하시는 방식은 이러한가? 나는 이미 고난을 받고 있어! 이걸로 충분하지 않은가? 내가 부셔져야만 하나? 나는 더 이상 참을 수 없어! 나는 미쳐가고 있다고! 아마 자살을 해야 하나봐!" 그는 자신에게 그런 기도를 해 준 여자가 무지하고 어리석다는 이야기를 들어야만 했다. 하나님은 우리에게 귀를 기울이신다. 아무도 하나님께 어떻게 기도에 응답해달라고 말할 필요는 없다. 그분은 자비와 연민의 하나님으로서, 우리가 견디지 못하는 것 이상을 주지 않으신다. 그분은 건전한 마음을 지닌 주님이시다. 이 고난 받는 남성은 이런 이야기를 들어야만 했다. "건전한 근본주의 교회를 찾아보실 것을 권합니다. 그 은사주의 모임에는 더 나가지 마십시오. 그런 광신도들로부터 달아나십시오! 하나님의 진리를 알고 싶으시다면, 성경을 보시고 경험을 찾지 마십시오."

때로는 은사주의자의 예언이 어처구니없는 반응을 낳을 때도 있다. 이는 마치 아내를 잃은, 어느 성질 못된 늙은이가 젊고 아름다운 여성에게 "하나님이 나에게 당신이 나와 결혼할 것이라고 말씀하셨다!"라고 말하는 것 같다. 그 여자는 **빠르게** 반박했고, 그 말은 핵심을 짚은 것이었다. "글쎄요, 제가 한 마디 해야겠네요! 그건 당신 생각이죠, 그냥 잊으세요!" 그 여성이 아무 권위도 없는 그런 '계시'에 어떻게든 순종하려고 하지 않는 것은 당연한 일이다.

로마가톨릭교회와 일부 개신교 교단들, 특히 세계교회협의회(World Council of Churches)에 속한 교단들은 은사주의 운동이 전 세계 최고의 교회를 증진하려는 자신들의 목적에 잘 들어맞는다는 사실을 알고 있다. '단 하나의 형제애'라는 말은 그럴듯하게, 때로는 거룩하게 들리기까지 한다. 하지만 성경과 동떨어진 교회의 연합은 하나님께 인정받을 수 없다.

예수님은 자신들의 은사를 잘못 사용하고 하나님의 뜻에 순종하지 않는 자들에게 이렇게 경고하신다. "나더러 주여 주여 하는 자마다 다 천국에 들어갈 것이 아니요 다만 하늘에 계신 내 아버지의 뜻대로 행하는 자라야 들어가리라 그 날에 많은 사람이 나더러 이르되 주여 주여 우리가 주의 이름으로 선지자 노릇 하며 주의 이름으로 귀신을 쫓아 내며 주의 이름으로 많은 권능을 행하지 아니하였나이까 하리니 그 때에 내가 그들에게 밝히 말하되 내가 너희를 도무지 알지 못하니 불법을 행하는 자들아 내게서 떠나가라 하리라"(마 7:21-23).

오늘날에는 심지어 신실한 자들조차 때로는 진리와 거짓을 구별하기 어려워한다. 교활한 자들이 조종하기 적절한 상황이 된 것이다. 하지만 하나님의 말씀에만 붙어 있으면 잘못될 수가 없다. 따라서 우리는 옳은 것과 악한 것을 제대로 구분하고, 그 열매로 각 나무를 판단해야 한다.

이러한 견지에서 교회연합과 은사주의가 타협하는 내용들을 볼 때, 하나의 세계 교회를 형성하려고 하는 종교 정치 지도자들의 모의에 우려하는 마음이 든다. 은사주의 운동에 대한 나의 반대 입장과 천주교 사제로서의 배경 때문에, 나는 리치몬드의 교회를 떠나 여전히 로마에 속박되어 있는 자들을 위한 사역을 시작해야 한다는 강력한 소명을 느꼈다.

아내와 나는 믿음의 발걸음을 떼기로 결정하고 내가 사제로 있던 샌디에이고로 돌아갔다.

브루어 가족 : 루스, 브루어 박사, 스티븐.

천주교도들을 향한 사명

전에 하나님의 말씀에 비추어 보면서 내가 로마가톨릭 사제지만 오히려 잃어버린 자였다는 사실을 깨닫고 영혼의 엄청난 고통과 마음의 고뇌로 힘들어 하던때가 마치 어제 같이 느껴진다.

나는 로마교회의 자녀였다. 하지만, 그렇기에 내가 하나님의 자녀라는 뜻은 절대로 아니었다. 나는 사제였지만, 하나님과는 동떨어진 자였다. 수백만의 천주교도들과 마찬가지로 교회의 함정과 전통에 사로잡힌 자였다. 나는 교회와 그 성사를 통해서만 영원한 구원이라는 나의 소망이 이루어지리라고 믿었다. 또한 많은 이들처럼 나는 사제만이 내 죄를 용서할 수 있다고 믿었다. 그리고 사제가 구원의 도구라고 배웠다. 비록 그들이 사람 중에 가장 타락한 자라고 하더라도 말이다.

나는 교황의 말이 하나님의 말씀과 동등하다는 속임수를 믿었고 또한 가르쳤다. 게다가, 나는 교황의 독단적인 지침들이 하나님의 말씀과 반하더라도, 교황의 말이 우선한다고 믿었다. 나는 예수님의 어머니인 마리아의 도움을 구했다. 마리아를 그리스도와 동격으로 여기며 나의 중보자로 불렀으며, 성인들은 자신을 공경하는 천주교도들을 보호할 수 있고 또한 보호하고 있다고 믿으며, 하늘에서 우리의 일을 간청해달라고 구했다.

모든 천주교 사제들과 마찬가지로 나는 예식으로 믿음을 대체했고, 전통으로 하나님의 말씀을 대신했다. 틀에 맞도록 훈련된 나는, 예수님의 말씀과 같이 거룩한 척하는 바리새인과 같았다. "너희가 너희 전통을 지키려고 하나님의 계명을 잘 저버리는도다"(막 7:9). 나는 죽은 자가 완전한 죄 씻음을 받기 위해서 연옥에서 고난을 받아야 한다는 이교도와 같은 천주교 교리를 가르쳤다. 왜냐하면 나는 "그러므로 자기를 힘입어 하나님께 나아가는 자들을 온전히 구원하실 수 있으니 이는 그가 항상 살아 계셔서 그들을 위하여 간구하심이라"(히 7:25)는 말씀을 몰랐기 때문이었다.

나는 사제였지만 성경에 대해서는 아는 것이 매우 부족했다. 왜냐하면 사제를 포함한 모든 천주교도들에게 바티칸의 고위 성직자들과 조금이라도 다르게 성경을 해석하는 일은 엄격하게 금지되어 있기 때문이다. 그렇기 때문에 나는 성경이 아무리 분명하고 간단하게 말씀해도, 그것을 완전히 이해했다고 감히 주장할 수 없었다. 따라서 나는 하나님의 은혜에 대해서는 이방인이었고, 우리가 예수님을 주님과 구세주로 영접할 때 우리의 죄가 용서받고, 잊은바 되고, 깨끗하게 되고, 사라지며, 그 사실이 성경에 "동이 서에서 먼 것 같이 우리의 죄과를 우리에게서 멀리 옮기셨으며"(시 103:12)라고 기록된 것을 몰랐다.

다른 이들과 마찬가지로 나는 구원으로 장사를 했던 것이다.

내가 하나님의 말씀을 알고, 하나님의 말씀이 내 굶주린 영혼에 젖과 꿀과 빵과 고기가 되는 것을 보았을 때의 희열과 기쁨이란! 내가 하나님의 말씀을 마음에 받았을 때 임한 그 형언할 수 없는 기쁨이란! "너희는 그 은혜에 의하여 믿음으로 말미암아 구원을 받았으니 이것은 너희에게서 난 것이 아니요 하나님의 선물이라 행위에서 난 것이 아니니 이는 누구든지 자랑하지 못하게 함이라"(엡 2:8-10).

그 후에 나는 하나님과 나 사이에 어떤 중보자도 필요하지 않다는 사실을 깨달았다. 마리아도, 그 어떤 성인도 필요하지 않다. 왜냐하면 하나님의 말씀에 이렇게 되어 있기 때문이다. "우리에게 있는 대제사장은 우리의 연약함을 동정하지 못하실 이가 아니요 모든 일에 우리와 똑같이 시험을 받으신 이로되 죄는 없으시니라 그러므로 우리는 긍휼하심을 받고 때를 따라 돕는 은혜를 얻기 위하여 은혜의 보좌 앞에 담대히 나아갈 것이니라"(히 4:15-16).

하나님이 주신 구원의 메시지 가운데, 나는 고해성사, 미사에서 그리스도를 반복해서 희생 제물로 드리는 것, 종부성사, 연옥의 교리는 성경에서 그 어떤 근거도 찾을 수 없다는 사실을 알았다. 공인되지 않은 의심스러운 책을 가톨릭 성경에 포함시킨 것도 간교한 속임수를 위한 일이었다. 로마가톨릭교회는 로마 황제들의 이교도 관습에 근거한 것으로서 위조품이며, 믿을 수 없는 사람들이 고안한 것이다. 이는 구원을 위함이 아니라, 죄와 그 용서를 통해 장사를 하고, 천주교회의 정치 세력을 확장하기 위한 것이다.

구원은 값없이 받는 것이다. 사람은 노력으로 구원을 받을 수 없다. 그리고 하나님의 계획에는 아무런 속임수가 없다. 하나님은 자신의 말씀에 진실하시다. "그가 우리에게 약속하신 것은 이것이니 곧 영원한 생명이니라"(요일 2:25). "하나님께서 세상의 미련한 것들을 택하사 지혜 있는 자들을 부끄럽게 하려 하시고 세상의 약한 것들을 택하사 강한 것들을 부끄럽게 하려 하시며"(고전 1:27).

반복해서 성경은 예수님을 그리스도, 기름부음 받은 자임을 드러낸다. "다른 이로서는 구원을 받을 수 없나니 천하 사람 중에 구원을 받을 만한 다른 이름을 우리에게 주신 일이 없음이라"(행 4:12). 오직 그리스도만이 죄를 용서하실 수 있다. 어떤 사제도 이에 관해 할 수 있는 일이 없다. 예수님은 말씀하셨다. "내가 곧 길이요 진리요 생명이니 나로 말미암지 않고는 아버지께로 올 자가 없느니라"(요 14:6).

그리스도는 이 땅의 어떤 사람도 자신의 자리를 대신하도록 하지 않으셨다. 그렇다면 천주교회가 교황이 하나님을 대신하여 '무류하게' 말을 한다고 주장하는 것은 완전히 터무니없는 소리다. 그러면서 그들은 뻔뻔스럽게도 지옥에는 대죄 상태로 죽은 교황들, 추기경들, 수많은 신자들이 배열해 있을 것이라고 한다. 이는 하나님을 우리가 계속 달래야 하는 변덕스러운 이방인의 신으로 만드는 것이다. 그리고 천주교도들은 그러한 하나님과 말 그대로 천국인지 지옥인지를 놓고 도박을 해야 하는 것이다.

내가 살아계신 하나님의 자녀로 거듭 나게 되었을 때, 나의 마음은 하나님의 놀라우신 구원을 세상에 전해야 한다는 엄청난 열망으로 타올랐다. 그리고 이미 메뚜기가 먹어치워 버린 지난 세월에 슬퍼하지 않을 수 없었다. 그래서 나는 내 천주교 친구들이 성경을 열고 그것을 읽고 이해하기를 간절히 바랐다. 왜냐하면 성경이 변하지 않는 영원한 하나님의 말씀이기 때문이다. 성경은 하나님이 인류에게 글로 소통하신 것이다.

나에게는 진리를 들은 자가 진리에 무심한 상태로 남아있다는 것은 불가능하게 여겨졌다. 하지만 한 때 내가 진리에 눈과 귀를 닫았을 때에도, 나에게 빛을 비추어준 사랑하는 그리스도인 증인들이 있었다. 그리고 내가 살아 있는 물, 생명수를 마셨을 때 나의 영혼은 채워졌고, 나의 삶은 완전히 변화되었다.

그렇기 때문에 1973년 아내와 나는 캘리포니아 샌디에이고에 '천주교도들을 향한 사명'(Mission to Catholics)를 설립했다. 그래서 천주교 친구들에게 더 효율적으로 다가가고, 교회 사역과 라디오, 서적으로 그들을 그리스도에게 이끌고자 했다. 우리는 그들을 사랑하고, 그들이 처한 상황과 마음에 느낄 좌절감을 이해한다.

나는 모든 사람이, 갈보리의 십자가에서 엄청난 대가를 치르신 이 구원이 오로지 하나님과 한 개인의 영혼 사이의 일임을 깨닫기 원한다. 이는 선물이다. 일부만 선물이 아니라 그 전체가 선물이다. 그리스도가 우리를 위해 죽으신 것이다. 그리스도는 두 강도 사이에서 십자가에 달리셨을 때, 크게 외치셨다. "다 이루었다." 구속의 사역은 완성되었다. 그리스도가 내 대신 죽으심으로써 나의 구원은 그곳에서 그날 모든 대가를 치르고 성취된 것이다. 하지만 이것으로 끝이 아니다. 그리스도는 무덤에서 다시 일어나셨다. 성경은 그분이 "잠자는 자들의 첫 열매가 되셨도다"(고전 15:20)라고 말한다. 그리스도는 영광스럽게도 나와 당신이 당할 죽음과 영적인 파멸을 영원히 이기셨고, 하늘에 오르셔서 지금도 살아계시고 영원히 살아계실 것이다. 그리고 언젠가 많은 사람이 그의 위대한 백보좌 앞에 서서 심판을 받게 될 것이다. 하지만 모두가 그런 것은 아니다. 그리스도를 주님과 구세주로 영접한 영혼은 "심판에 이르지 아니하나니 사망에서 생명으로 옮겼느니라"(요 5:24)고 성경은 말씀한다.

나는 왜 로마가톨릭교회에 머물면서 내부에서 개혁을 위해 일하지 않았느냐는 질문을 여러 차례 받았다. 우리는 천주교회를 대하는 태도가 유순하지 않다는 비판도 많이 받는다. 또한 '좀 더 건설적'이 되라는 충고도 받는다.

4. 새로운 삶 **211**

하지만 우리는 그렇게 할 수도 없고 감히 그렇게 해서도 안 된다. 로마 황제들의 제국을 대체한 그 엄청나게 부유한 제국이 개혁되겠는가? 마르틴 루터도 처음에는 면죄부를 파는 부패한 관습을 끝장내려고 했다. 하지만 그도 천주교의 개혁을 이끌어 내지 못했다. 그는 자신의 가르침을 뒷받침하기 위해 성경 외에는 사용하지도 않았지만, 오늘날까지도 여전히 이단자요, 하나님의 적이라는 낙인이 찍혀있다. 천주교회는 교회의 잘못된 가르침을 지적하는 자나, 지도자들의 잘못을 드러내는 자는 누구든지 주저하지 않고 저주를 내린다. 이렇게 그 속임수를 폭로하려는 자는 누구든지 두려움에 빠뜨려 굴종하게 만드는 것이다.

그렇다, 많은 사람들이 그 내부에서 개혁을 일으키기 위해 일하고 있다. 하지만 천주교회의 고위층은 듣지도 않고, 들을 형편도 되지 않는다.

새 포도주를 낡은 가죽 부대에 넣을 수 있는가? 표범이 그 점을 바꿀 수 있는가? 교황이 세 개의 왕관을 포기할 수 있는가? 만약 천주교회가 진실로 그리스도의 영과 가르침을 지킨다면, 천주교회뿐 아니라 전 세계에 걸쳐 완전한 변화가 있을 것이다. 누구도 '신부'(father)라고 호칭하면 안 되며, 어떤 사람도 자신이 죄를 용서할 수 있다고 주장하지 말아야 한다. 그리고 하나님의 말씀과 어긋나는 모든 교회의 규율들은 깨끗하게 씻어내는 홍수로 사라져야 한다.

사도 바울은 천주교회의 믿을 수 없는 배교를 예언했다. "내가 떠난 후에 사나운 이리가 여러분에게 들어와서 그 양 떼를 아끼지 아니하며"(행 20:29). 사도바울은 거짓 목자들이 자신의 양 떼들을 영원한 형벌로 이끌게 되는 위험한 상태를 본 것이다.

우리는 이 새로운 사역을 즐겁게 하고 있다. 왜냐하면 우리는 믿음을 통해 하나님의 능력으로 보호를 받기 때문이다. 나는 매도당하고 물리적으로 폭행도 당했다. 내 아내와 아들도 박해를 피하지 못했다. 우리는 재를 담은 상자에 "이것이 너희의 운명이다"라고 우리를 증오하는 글을 담은 편지도 받았다.

마음이 무거울 때 우리는 베드로 사도의 말씀을 계속해서 읽었다. "너희 믿음의 확실함은 불로 연단하여도 없어질 금보다 더 귀하여 예수 그리스도께서 나타나실 때에 칭찬과 영광과 존귀를 얻게 할 것이니라 예수를 너희가 보지 못하였으나 사랑하는도다 이제도 보지 못하나 믿고 말할 수 없는 영광스러운 즐거움으로 기뻐하니"(벧전 1:7-8).

"내가 복음을 부끄러워하지 아니하노니 이 복음은 모든 믿는 자에게 구원을 주시는 하나님의 능력이 됨이라 먼저는 유대인에게요 그리고 헬라인에게로다 복음에는 하나님의 의가 나타나서 믿음으로 믿음에 이르게 하나니 기록된 바 오직 의인은 믿음으로 말미암아 살리라 함과 같으니라"(롬 1:16-17).

PILGRIMAGE
FROM ROME

마침내 찾은 진리

부록 A. 천주교회가 숨기려는 역사

부록 B. 로마 가톨릭의 거짓 교리

부록 C. 엘렌 G. 화이트와 제 칠일 안식교의 초기

후기

천주교 용어집

참고문헌

부록 A. 천주교회가 숨기려는 역사

하나님의 아들이 이 땅을 거니셨을 때, 그 분은 열두 제자 무리와 함께 다니셨다. 그리고 역사상 가장 위대한 일을 위해 그들을 훈련하셨다. 그분은 이렇게 말씀하셨다. "내 교회를 세우리니"(마 16:18). 이후, 하늘로 올라가시기 직전에는 자신이 명하신 일을 더욱 발전시키라는 큰 책임도 주셨다. "땅 끝까지 이르러 내 증인이 되리라"(행 1:8). 그리고 열흘 후, 그리스도는 아버지의 우편에서 성령님을 보내셔서 제자들에게 힘을 주시고 이 일을 할 수 있게 하신다.

이와 거의 동시에 막 생겨난 초대 교회는 박해를 당하게 된다. 베드로와 요한은 성전에서 설교했다는 이유로 체포되었다(행 4:1). 또한 "성령과 지혜가 충만"(행 6:3)한 스데반은 돌에 맞아 죽고 만다(행 7:58). 야고보는 헤롯에 의해 처형당한다(행 8:4). 사탄은 메시아의 죽음이 하나님의 실패라고 믿었던 자신의 잘못을 깨닫고(고전 2:8), 새로 탄생한 교회를 피 흘려 죽일 방법을 찾는다. 하지만 교부 터툴리안이 기록했듯이, "순교자들의 피는 교회의 씨앗이 되었다." 그리스도의 사역은 모든 박해에도 불구하고 성장해갔다.

313년, 삼세기에 걸친 그리스도인에 대한 끔찍한 박해 끝에 로마 제국에는 엄청난 변화가 닥친다. 로마군의 장군이었던 콘스탄티누스가 황제가 된 것이었다. 그는 배신과 살해를 통해 그 자리에 올랐기 때문에 강력한 적들이 많았다. 심지어 그의 왕좌를 요구하는 이들도 있었다. 로마의 부패상은 이루 말로 할 수 없을 지경이었고, 점점 타락과 탐욕의 심연으로 가라앉고 있었다. 여러 대도시에서는 사람들이 낮에는 향락에 빠져 지내고, 밤에는 집단 난교를 즐겼다. 가정과 가족이 깨져나갔다. 청소년 패거리는 길을 떠돌며 거주민들을 겁박했다. 흉작이 이어졌고 먹을 것이 부족해졌다. 실업률은 오십 퍼센트에 달했다. 생산된 물자가 줄어들면서 한 때는 이탈리아에서 아프리카, 중동, 영국까지 엄청난 상품들을 운반하던 선박들이 텅 빈 채로 항구에 정박해 있었다. 프랑스와 독일 지역의 야만인들은 보복당할 두려움 없이 변방을 침략할 수 있다는 사실을 깨닫고 큰 피해를 입혔다.

바로 이 타락한 사회에서 콘스탄티누스는 황제의 자리에 앉은 것이었다. 그는 도움이 필요했다. 그것도 빠르게 필요했다. 그는 어떻게 해서든 그러한 도움을 손에 넣고자 했다. 그는 주위를 둘러보다가 그리스도를 예배하는 자들이 수천에 달한다는 사실을 깨달았다. 그리스도인들은 어디에서든지 자리를 잡았고, 정직하고, 용맹하며, 솔직했다. 황제는 자문단과 이 문제를 해결하려고 했고, 그들은 그리스도인들의 후원을 얻어 볼 것을 권했다. 그렇게 해서 콘스탄티누스는 자신을 왕좌에 오르도록 만든 그 교활함으로 그리스도인들에게 구애를 시작했다. 그는 자신이 환상을 보았으며 자신도 그리스도인이 되었다고 주장했다. 그는 그리스도인 공동체에 후한 상을 베풀었고, 교회를 건설했으며, 그리스도인들을 고위 자리에 올렸다. 그리스도인들은 그 제국을 이후 수백 년간 지탱하도록 만든 통일 요소였다.

하지만 초기 교회는 이에 따른 엄청난 대가를 치러야했다. 교회는 전혀 준비가 되어 있지 않았던 것이다. 테오도시우스 대제는 395년 기독교를 국교로 공인한다. 두려움에 빠진 이교도 로마인들과 외딴 지역들에 거주하는 야만인들이 수천 명 수만 명씩 세례만 받고 교회에 편입된 것이다. 교회는 사람들로 넘쳐나게 되었지만 개종자들 중 극소수만이 개종이 무슨 의미인지를 제대로 이해할 뿐이었다. 새롭게 '그리스도인'이 된 대부분은 기독교를 그저 더 나은 생활을 하고 정부의 환심을 사려는 방책으로만 여겼다.

그들이 교회로 들어오면서, '개종자'들은 자신들의 이교도 예식과 옛적에 섬기던 신을 함께 가지고 들어왔다. 이교도 제사장들은 자신들이 새로운 그리스도인이 되었다고 주장했지만, 그저 자신들이 입던 예복에 약간의 변화를 줬을 뿐이었다. 이교도들의 조상 숭배가 죽은 자를 위한 '기독교식' 기도문과 예식이 되었다. 이교도들의 주문이나 부적은 예수님이 실제로 돌아가신 십자가라고 하는 것의 조각들, 성인들의 뼈나 머리카락이 또는 옷 조각과 같은 유물 숭배로 대체되었다. 축제일이나 전례 성가, 그리고 옛적 이교도 신들을 부르는 주문들이 교회 내로 스며들었다. 아직도 몇몇은 동물이나 새의 살과 피를 먹고 마시는 고대의 이교도 관습을 시행하고 있다. 또한 많은 이교도의 신들과 여신들이 가톨릭 성인들로 등장했다.

테오도시우스 황제의 아들들 사이에서 제국은 분열되었고, 5세기가 되면서 로마 제국은 점차 붕괴해간다. 사람들은 과중한 세금으로 진이 빠졌고, 거대하면서도 무능하고 부패한 관료주의 때문에 나라는 엉망이 되었으며, 내부 갈등과 야만인 침략자들의 공격에 영토는 찢겨버려 제국은 점차 약해져만 갔고 더 이상 스스로를 지키지 못하게 되었다. 이후 유럽은 혼돈과 고난의 긴 밤으로 접어들고 만다. 문명이라는 가느다란 명맥도 거의 끊겨 버렸다. 사람들은 완전히 절망 상태로 전락했고, 유럽은 끔찍하고도 야만스러운 땅이 되었다. 몇몇 고립된 지역을 제외하고는 안정성이 사라졌고, 교육과 기회는 그저 옛적 흐린 기억이 되고 말았다.

로마에 자리 잡은 교회가 그 진공 상태를 치고 들어갔다. 사회를 하나로 묶을 그 어떤 정부나 기관도 남아있지 않았다. 교회의 공이라고 한다면, 아마도 교회가 유럽의 문명이 멸망하지 않도록 보호해 낸 것이라는 점을 반드시 이야기해야 할 것이다. 왜냐하면 사람들이 연구하고, 저술하고, 그림을 그리고 지식을 보존할 시간과 기회와 안전성이 있었던 수녀원이었기 때문이다. 이 시대의 학자들과 예술가들은 스스로를 격리하거나, 몇몇 영주의 후원 아래에서 일해야만 했다. 약탈하는 군대와 굶주린 도적떼가 유럽 온 지역을 헤집고 다녔다.

천주교회는 그 전통, 예식, 공동체의 힘으로 묶이게 되었다. 11세기쯤에는 마치 고장 난 나침반이 배를 원래 선로에서 벗어나게 하듯이, 천주교회는 전통을 따라 표류하게 된다. 이제 '베드로의 배'(Peter's Bark, 교회를 의미)는 더 이상 하나님의 말씀만 따라서 움직이는 것이 아니라, 추기경단이라는 위원회에 의해 좌지우지하게 되었다. 또한 바벨론 제국까지 거슬러 올라가는 이교도 예식들이 신성한 교리로 차용되었다. 미사가 갈보리를 재연하는 것이며, 교황이 최고의 권위자며, 성 베드로가 첫 교황이며, 사제와 평신도 사이에는 명확한 구분이 있어야 한다고 가르쳤다. 또한 성경에 많은 새로운 교리들이 더해졌다. 즉 연옥을 믿는 것, 마리아와 성인을 공경하는 것, 사제에게 고해성사를 하는 것, 사제의 권세로 죄를 사하는 것, 이교도를 박해하는 것 등이었다. 성경이 가르치는, 예수 그리스도를 믿는 믿음은 수많은 사람들에게 와전되었고, 교황과 성사와 많은 전통들을 믿는 것으로 대체되었다.

많은 경건한 지식인들이 큰 소리로 교회가 성경에서 이탈하고 있음을 책망했다. 하지만 강력한 교회 지도층은 어떤 비판도 용납하지 않았다. 비판자들은 책동자로 정죄되었고 이단으로 낙인

찍혔다. 옛 로마 제국이 다시 열리게 되었다. 다만 이번에는 십자가의 표식 아래 그렇게 되었다.

11세기 끝에 교회는 권력의 정점에 이른다. 교황 그레고리우스 7세(1073-1085) 때, 교회는 유럽의 최대 지주가 되었다. 몇몇 나라에서는 경작지의 육십 퍼센트 이상을 차지하기도 했다. 주교들과 사제들은 종종 강력한 행정관이기도 했다. 교회는 왕과 군주들을 세우고 폐위시키기도 했다. 교회는 영국, 덴마크, 스웨덴, 노르웨이, 아이슬란드, 헝가리, 폴란드의 모든 가정에 매년 세금을 징수했다('베드로 성금'). 교회는 부유했지만 동시에 매우 잔인하고 부패했다. 교황과 사제의 부도덕성은 걷잡을 수 없었다.

그 사이, 서유럽은 7세기에 걸친 암흑시대에서 점차 벗어나고 있었다. 마치 긴 겨울잠을 마치고 점차 움직이기 시작한 거대한 곰처럼 굶주린 상태로 모든 것을 궁금해 하며, 문제를 일으키고 다녔다. 봉건 기사들은 종종 부유한 가문의 자손들이었는데, 신나는 일을 찾아, 사랑을 찾아, 문제를 찾아 유럽을 활보했다. 군대가 형성되었고 전쟁은 필연적인 일이 되었다.

교회는 이러한 유럽의 불안함을 이용하여 잇속을 차리려고 노력했다. 교회의 기치 아래 십자군을 소집하여 무슬림을 성지에서 몰아내고 예수님이 마지막 식사 때 사용하신 성배를 찾으려고 했다. 그 당시 지휘에 나선 대공이나 기사들을 제외하고서는 십자군의 대다수는 자신들이 어디로 가는지, 그리고 왜 싸우는지를 거의 알지 못했다. 그들은 유럽의 농장, 마을, 길거리에서 나온 글을 모르는 평범한 사람들이었다. 교황은 그들에게 전리품과 모험을 약속했고, 무슬림이나 기타 이단자들을 죽이면 하늘에서 영원한 축복을 주겠다고 했다. 아무 것도 모르는 수많은 무리들이 어디로 가는지도 모르면서 동쪽을 향해 갔다. 때로 그 숫자는 수십만 명에 달했다. 그들은 싸우다가 죽고, 노략하고 파괴했다. 11세기, 12세기, 13세기 내내 여덟 차례에 걸쳐 이런 일이 발생했다.

1202년 교황 인노첸시오 3세는 팔레스타인에서 무슬림을 몰아내고 동교회와 서교회를 통일하겠다는 목적으로 네 번째 십자군을 소집한다. 십자군들은 행진 중에 종종 약탈도 하면서 마침내 동유럽에 도달했다. 하지만 그곳의 무슬림이 너무나 강력하고 호전적이라는 사실을 깨닫고는 십자군을 포기한다. 이탈리아의 베니스 시는 이에 대해 매우 분노한다. 왜냐하면 베니스 시민들이 십자군의 이동 비용을 댔기 때문이었다. 그들은 십자군들이 파괴활동을 마무리하고 무슬림을 몰아내면 엄청난 이익을 얻으리라 예상했었다. 은행가들은 자신들의 돈을 되찾기 원했다. 그래서 십자군들을 설득하여 자라시(市)(현재 유고슬라비아, 현재 크로아티아)를 공격하여 약탈하도록 한다. 이 도시가 해상 무역권을 두고 베니스와 경쟁을 하고 있었기 때문에 경쟁자를 없애려고 한 것이었다. 십자군들은 자라시를 거의 궤멸했다. 그들은 너무나 잔인했기 때문에 교황도 그들을 파문시켜버렸다. 물론 후에 그들을 용서했지만 말이다.

1204년 십자군들은 콘스탄티노플(현재 터키 이스탄불)을 공격한다. 그리고 3일 동안 그들은 이 거대한 도시를 완전히 약탈한다. 그리고 사제를 위해 극히 일부만을 제하고는 모두 훔치거나 파괴한다. 특히 그들이 욕심낸 것은 종교 유물이었는데, 십자군들이 이것들을 전 유럽에 퍼뜨리게 된다.

심지어 2번에 걸쳐 '소년 십자군'(children's crusades)도 소집되었다. 그중 한 번은 1212년경 프랑스에서 시작되었는데, 아무런 무장을 하지 않은 약 삼만 명의 소년 소녀들이 교회의 격려를 받아 프랑스 마르세이유에서 노예 무역상의 배를 타고 성지를 향해 떠났다. 하지만 그들은 팔레스타인에 닿지 못했다. 오히려 이집트의 알렉산드리아로 실려가 대부분은 노예로 팔리고 말았다. 극소수만이 다시 고향으로 돌아올 수 있었다. 또 다른 소년 십자군은 독일에서 시작해서 알프스를 지나 이탈리아로 진군해 갔다. 그리고 수천 명이 알프스의 눈 속에서 굶어 죽거나 얼어 죽었다.

십자군 운동은 그 편협함과 잔인성 때문에 오늘날까지도 씁쓸함을 자아낸다. 십자군이 벌인 참상이 미친 영향에 대해서 역사가들도 아직 제대로 파악하지 못할 정도로 이는 너무나 큰 비극이었다. 현재까지도 그 영향을 미치고 있는데, 즉 비잔틴 제국이 파괴되면서(교황의 허가 아래) 결국 투르크족이 콘스탄티노플을 제압하게 된 것이다.

1175년경, 교회는 그 악명 높은 종교 재판을 시작한다. 즉 전 유럽에서 '이단'들을 살육하고 불태워 버린 것이다. 그 막강한 행정력과 종교권력을 사용하여, 교회는 전면적으로 유럽의 악한 독재자가 되어버린 것이다. 그들에게는 성경의 가르침을 따르려는 낌새조차 찾아볼 수 없다. 교회는 사람들이 감내할 수 있는 수준을 넘어 세금을 부과했다. 교회는 땅을 압수하고 공물을 받아가고, 모의를 꾸며 재산을 강탈해 갔다. 교회의 거룩함은 탐욕의 제단 위에 희생 제물로 드려졌다. 종교 재판의 이야기는 히틀러가 독일과 폴란드의 강제 수용소에서 벌인 살인행각에 못지않게 잔인하고 참혹하다.

교황 인노첸시오 3세(1198-1216)는 단지 교황 수위권을 거부했다는 이유로 백만 명이 넘는 사람들을 살해하고 약탈하도록 명령했다. 1208년에는 남부 프랑스의 알비주아파에 대해 십자군을 일으켜 하루에만 십만 명이 넘게 살해당했다. 또한 수천 명을 계속 추적하여 살해했기 때문에, 14세기에 들어서 알비주아파는 사라지고 말았다.

교황 그레고리 13세(1502-1585)의 승인 아래, 1572년 8월 24일 성 바르톨로메오의 축제일에는 만 명의 프랑스 위그노들이 살해당한다. 이 소식이 교황청에 전해질 때, 그 기쁨이 어찌나 컸는지 그들은 교회 종을 크게 울리고 특별 주화를 주조했다. 거기에는 '1572년 위그노 대학살'(Ugonottorum Strages, 1572)라고 쓰여 있다.

교회는 심지어 자신을 옹호하기 위해 역사를 다시 쓰기까지 한다. 오늘날까지 수도원, 수녀원, 천주교 교구학교에서 가르치는 역사는 다른 일반 학교에서 가르치는 역사와 동일하지 않다. 천주교의 역사는 교회의 죄악은 다루지 않고 넘어가며, 학생들로 하여금 개신교 이전 시대에는 풍요로움과 진실함 가운데 그리스도의 정신과 가르침이 넘쳐났다고 믿도록 만든다. 이 때문에 학생들은 천주교회가 그 당시의 통치 세력으로서 법과 질서를 유지하기 위해 엄격할 수밖에 없었다고 잘못 생각하도록 만든다. 그러한 가르침은 거짓이다.

교회는 역사의 일부를 왜곡하고, 또 일부는 묵살할지 모른다. 하지만 이는 속임수를 쓰는 사진작가가 자신이 찍는 대상을 없앨 수 없는 것과 마찬가지다. 역사는 천주교의 것도, 개신교의 것도, 그리스의 것도, 로마의 것도 아니다. 역사는 좋든 나쁘든 과거를 있는 그대로 기록한 것이다. 역사는 자신의 목적을 위해 왜곡하려는 자에게나 두려운 것이다.

천주교회의 역사는 이교도, 부패, 권력을 향한 욕정으로 가득한 역사이다. 교회는 원숙하게 된 것도 아니고 신뢰할 수도 없다.

부록 B. 로마가톨릭의 거짓 교리

내가 사제 생활을 하던 마지막 몇 년간 천주교회에 대해서 여러 가지를 알게 되었는데, 이 때문에 나는 괴롭고 혼란스러웠다. 교회가 스스로를 '현대화' 한 제2차 바티칸 공의회(1962-1965) 이후, 수백만의 독실한 천주교도들은 바티칸이 교회를 구속했던 부끄러운 금지 사항들을 대부분 해지하리라 믿었다. 그들은 독신 서약이 완화되고, 산아 제한이 허용되고, 교황 무류성에 관한 전횡적인 교리들이 철회되기를 바랐다. 이를 바라보며 기도했던 우리는 교회가 진리라는 치료책을 통해 과거의 잘못을 철회하기를 바랐다. 우리는 교회가 성경의 영감을 받아 치유되고 새로운 생명을 찾기를 바랐다.

하지만 2차 바티칸 공의회로 만든 변화는 허울뿐이었다. 교회는 토마스 아퀴나스의 거짓 가르침과, 혐오스러운 알폰수스 리구오리(Alphonsus Liguori)의 저작들, 트렌트 공의회 교령집을 예수 그리스도의 복음과 하나님의 영감으로 된 사도들의 글보다 더 높이 평가했다. 이교도의 전통들과 예식들은 여전히 하나님의 말씀과 동등한 권위를 부여받았으며, 바티칸이 쌓은 부를 막는 어떠한 조치도 취하지 않았다.

화체설

재검토가 필요한 거짓 교리들이 많이 있지만, 화체설보다 시급한 것은 없다. 가톨릭 교리는 미사 때 사제가 빵과 포도주를 문자 그대로 그리스도의 몸과 피로 바꾸는 능력을 부여받는다고 가르친다. 로마가톨릭의 교리 문답서를 보면 "미사란, 십자가상에서 하늘 아버지께 피 흘리는 제물로 자신을 드리신 그리스도의 제사와 동일한 것으로서, 그리스도는 자신의 사제들의 사역을 통해 피를 흘리지 않는 방식으로 제단에서 자신을 계속해서 드리신다."

이 교리는 의도적으로 교회가 떠안은 중세의 미신에 불과하다. 미사는 1215년까지는 전혀 소개되지 않았다. 처음부터 미사의 목적은 사람들로 하여금 사제들에게 기적적인 능력이 있으며, 그렇기 때문에 구원을 받기 위해서는 사제에게 의존해야 한다고 생각하게 만드는 것이다. 이는 천주교도들을 몽둥이질로 때려 굴복하게 만든다는 것과 다를 것이 없다.

성경에는 화체설을 분명히 지지하는 구절이 하나도 없다. 주님의 몸과 피를 나타내는 상징물로 빵과 포도주를 사용하여 주님의 만찬을 기념하라는 말씀은 있다. 하지만 우리는 식인행위를 하도록 지시받은 것이 아니다. 성경은 말한다. "예수 그리스도의 몸을 단번에 드리심으로 말미암아 우리가 거룩함을 얻었노라 … 그가 거룩하게 된 자들을 한 번의 제사로 영원히 온전하게 하셨느니라"(히 10:10, 14). 십자가에서 그리스도는 외치셨다. "다 이루었다"(요 19:30).

화체설은 이단일 뿐 아니라 신성모독이다!

공경

천주교도들을 수세기 동안 불편하게 했던 또 다른 신조는 유물 공경과, 유물에 마법적인 힘이 있다는 주장이다. 마르틴 루터도 성경을 통틀어도 열 두 사도밖에 없는데, 어떻게 독일에만 스물여섯 명의 사도가 묻혀 있다고 하는지 의아하게 여겼다. 만약 천주교 성당마다 전시되어 있는 십자가 조각들을 한 번에 모으면 10톤 트럭 분량은 될 것이라는 말도 있다. 대부분의 '유물'이 가짜라는 것은 분명하다. 게다가, 그 유물이 진짜라고 하더라도 성경에는 유물 공경을 지지하는 말씀이 하나도 없다.

십자가의 길과 같이 교회 내에 있는 형상들도 마찬가지다. 천주교회는 그것들이 '형상'이 아니라 실제로 살았던 사람들을 대변하는 것이라고 한다. 하지만 제 2계명은 분명히 명한다. "너를 위하여 새긴 우상을 만들지 말고 또 위로 하늘에 있는 것이나 아래로 땅에 있는 것이나 땅 아래 물 속에 있는 것의 어떤 형상도 만들지 말며"(출 20:4). 사도 및 다른 성인들의 조각상이 형상이라는 점을 그 누가 부인할 수 있겠는가? 그것들을 형상으로서 공경하는 것이 아니라면 왜 초를 그 앞에 밝혀두는 것인가? 왜 종종 화관으로도 장식하는가? 왜 사제들과 평신도들은 그 앞에 절하고 기도를 하는가? 왜 축일이 되면 그러한 형상들을 보좌 위에 높이 드는가? 그들은 인도의 힌두교도들이 매년 있는 빛의 축제 때 비슷한 의식을 거행하면서 우상을 쳐들기 때문에 우상숭배자라고 정죄한다. 그렇게 하는 것이 천주교도에게는 옳고 힌두교도에게는 잘못된 것인가? 성경은 분명히 모든 형상을 정죄한다. 다음과 같이 기록되어 있기 때문이다. "나는 여호와이니 이는 내 이름이라 나는 내 영광을 다른 자에게, 내 찬송을 우상에게 주지 아니하리라"(사 42:8).

나는 형상에 대한 공경을 의문 삼다 보니 결국에는 동정녀 마리아, 또한 '천주의 어머니', '하늘의 여왕', '낙원의 문', '슬픔의 어머니'라고도 불리는 동정녀 마리아 공경에 대해서도 의문을 품게 되었다.

분명히 동정녀 마리아는 하나님이 선택하신 특별한 여자다. 그는 예수님을 배에 품었을 때에 이렇게 노래했다. "내 영혼이 주를 찬양하며 내 마음이 하나님 내 구주를 기뻐하였음은 그의 여종의 비천함을 돌보셨음이라 보라 이제 후로는 만세에 나를 복이 있다 일컬으리로다"(눅 1:46-48).

그렇다. '마리아에게 복이 있다.' 하지만 성경에는 마리아를 하늘의 여왕 또는 그리스도와 그리스도인의 중보자로 격상시키는 구절이 하나도 없다. 사실, 성경은 정반대 말씀을 하고 있다.

마리아 역시 하나님을 자신의 구주로 칭했다(눅 1:47). 즉, 마리아 역시 죄인이었던 것이다. 또 한 여인은 예수님께 이렇게 말했다. "당신을 밴 태와 당신을 먹인 젖이 복이 있나이다." 그러자 예수님은 말씀하셨다. "오히려 하나님의 말씀을 듣고 지키는 자가 복이 있느니라"(눅 11:27-28). 예수님은 자기를 따르는 자들에게 수사학적 질문을 던지기도 하셨다. "누가 내 어머니이며 내 동생들이냐?" 그리고 이렇게 답하셨다. "누구든지 하늘에 계신 내 아버지의 뜻대로 하는 자가 내 형제요 자매요 어머니이니라"(마 12:48, 50).

마리아가 중보자인가? 그렇지 않다. 우리의 중보자는 그리스도시다. "아버지 앞에서 우리에게 대언자가 있으니 곧 의로우신 예수 그리스도시라 그는 우리 죄를 위한 화목 제물이니 우리만 위할 뿐 아니요 온 세상의 죄를 위하심이라"(요일 2:1-2). "하나님은 한 분이시요 또 하나님과 사람 사이에 중보자도 한 분이시니 곧 사람이신 그리스도 예수라"(딤전 2:5).

교황권

천주교회는 그리스도가 베드로를 첫 번째 교황으로 삼으시고, 그에 따라 교황권도 세우셨다는 가정 위에 서 있다. 하지만 베드로는 과연 첫 번째 교황인가? 또한 교황은 그의 참된 계승자인가? 교황은 모든 목회자들과 양떼에 대해 믿음과 도덕의 권위를 지니고 있는가?

나는 이 각 질문에 답은 전혀 "아니오."라는 사실을 알았다.

천주교도들은 마태복음 16:15-18 말씀을 인용하고 자신들만의 해석을 더한다. 그리고는 로마의 주교가 성 베드로의 계승자로서 최고의 권위를 지니며 무류(infallible)하다는 주장을 내세운다. 성경은 이렇게 말한다. "이르시되 너희는 나를 누구라 하느냐 시몬 베드로가 대답하여 이르되 주는 그리스도시요 살아 계신 하나님의 아들이시니이다 예수께서 대답하여 이르시되 바요나 시몬아 네가 복이 있도다 이를 네게 알게 한 이는 혈육이 아니요 하늘에 계신 내 아버지시니라 또 내가 네게 이르노니 너는 베드로[petros]라 내가 이 반석[petra] 위에 내 교회를 세우리니 음부의 권세가 이기지 못하리라."

교회가 베드로 위에 세워졌는가? 그렇지 않다! 교회는 베드로의 "주는 그리스도시요 살아 계신 하나님의 아들이시니이다."라는 고백 위에 세워진 것이다. 예수님은 베드로에게 말씀하실 때, petros, 즉 '조약돌'을 의미하는 남성 명사 단어를 사용하셨다. 하지만 교회의 기초를 말씀하실 때는 petra, 즉 '반석'을 의미하는 여성 명사 단어를 사용하셨다. 교회가 세워진 것은 베드로의 고백인 것이다.

성경에는 그리스도께서 베드로에게, 다른 사도 또는 심지어 사도의 동역자들 이상의 권세를 주셨다는 구절이 하나도 없다.

만약 예수님이 베드로를 교회의 최고 수장으로 삼으시려고 하셨다면 다음과 같이 말씀하셔야 하지 않았을까? "이제, 나는 하늘에 계신 아버지께로 간다. 나는 너희 모두가 베드로에게 순종하기 원한다. 내가 그를 이 땅에서 나의 대리자로 삼았기 때문이다." 하지만 예수님은 이 점에 침묵하셨다. 베드로에 대해 특별한 언급을 하지 않으신 것이다.

베드로의 글만 봐도 자신을 교회의 최고 수장으로 여기지 않았다는 점이 분명하다. 또 바울 사도는 언젠가 베드로를 비난하기도 한다. "게바가 안디옥에 이르렀을 때에 책망 받을 일이 있기로 내가 그를 대면하여 책망하였노라"(갈 2:11).

바티칸은 성 베드로가 첫 교황이라고 하지만, 6세기 전에 교황권에 요구되는 권력을 지닌 교황이 있었는가? 교황이라는 명칭을 취한 첫 로마 주교는 보니파우스 3세였다. 심지어 히포의 주교였던 성 어거스틴도 로마의 주교를 자신의 상급자로 취급하는 것을 거절했다. 그는 이렇게 썼다. "누구든지 바다 건너(즉, 로마)에 있는 자들에게 호소하는 자는 아프리카에 있는 어느 누구에게도 성찬에 받아들여지지 않을 것이다."

첫 4세기 동안에는 로마, 콘스탄티노플, 카르타고, 안디옥의 주교들 사이에는 누구에게 패권이 있는지를 두고 엄청난 경쟁이 있었다. 로마 주교가 마침내 패권을 거머쥔 이유는, 로마 주교의 영적 또는 세속적 권위 때문이 아니라 로마 도시 자체의 권력 때문이었다. 로마는 당시 통신, 배움, 저술, 교통의 세계 최대 중심지였다. 따라서 로마의 주교는 다른 주교들보다 더 많은 관심을 받았고, 결국에는 수위권(supremacy)을 차지하게 된 것이다. 심지어 천주교회조차도 그리스도 이후 첫 육백년 동안 로마의 주교에게 어떠한 영적인 수위권을 주도록 했다는 공의회 교령집이나, 교회법이나, 결의 내용을 보여주지 못한다. 교황권이 권력을 지니게 된 것은 순전히 정치적인 이유였다.

교황들이 무류하다는 것도 완전히 터무니없는 소리이다. 그러한 주장은 가톨릭 백과사전만 봐도 거짓임을 알 수 있다. 많은 교황들은 끔찍하게도 비도덕적이었다. 몇몇은 살인자와 간통자였으며 교황직은 한 번 이상 거래가 된 적이 있다. 자가당착적으로 교황들은 예전의 교황들과도 오류에 빠진다. 아드리안 2세(867-872)는 민사혼이 타당하다고 선포했다. 하지만 교황 비오 7세(1800-1823)는 이를 정죄했다. 식스토 5세(1585-1590)는 성경 읽기를 장려했다. 하지만 비오 7세는 이를 정죄했다. 천주교가 정의한 내용에 따를 때조차 교황들에게 이단의 책임을 물을 수 있다. 호노리오 1세(625-638)는 단신론을 고수했는데, 이 믿음은 그의 후임자인 세베리누스에 의해 이단으로 정죄되었다.

연옥

또 다른 가톨릭의 핵심 교리 중 연옥 교리가 있는데, 이는 전체 성경 어느 구절에서도 언급되거나 암시된 적이 없다. 사실, 성경은 연옥의 개념을 완전히 부정한다. "너희는 그 은혜에 의하여 믿음으로 말미암아 구원을 받았으니 이것은 너희에게서 난 것이 아니요 하나님의 선물이라"(엡 2:8). 바울 사도는 이렇게 썼다. "그러므로 이제 그리스도 예수 안에 있는 자에게는 결코 정죄함이 없나니"(롬 8:1). 이미 구원 받고 죽은 자들에게는 고통을 받을 여지가 없다.

그러면 죽은 자는 어디에 있는 것인가?

우리 인간의 몸은 "심히 기묘"(시 139:14)하게 지어졌다. 하지만 이 몸은 죽을 수밖에 없다. 몸은 땅의 물질로 이루어져 있기 때문이다. 성경은 이렇게 말한다. "네가 흙으로 돌아갈 때까지 얼굴에 땀을 흘려야 먹을 것을 먹으리니 네가 그것에서 취함을 입었음이라 너는 흙이니 흙으로 돌아갈 것이니라 하시니라"(창 3:19). 하지만 사람의 영혼은 흙으로 가지도 않고 죽지도 않는다. 왜냐하면 성경은 우리 영원하신 하나님께서 "생기를 그 코에 불어넣으시니 사람이 생령이 되니라"(창 2:7)고 말씀하기 때문이다. 사람의 영은 바로 하나님의 생기이다.

하나님의 자녀의 영이 이 흙으로 된 성전을 떠나면, 주님과 함께 하기 위해 가서 부활의 날을 기다린다. 성경은 말한다. "흙은 여전히 땅으로 돌아가고 영은 그것을 주신 하나님께로 돌아가기 전에 기억하라"(전 12:7). 죽음은 영혼의 거주 장소가 바뀌는 것이다. 구세군의 창시자인 윌리엄 부스는 말했다. "그의 자녀들에게 죽음이란 영광으로 승격하는 것이다." 연옥은 그저 사람의 발명품으로서 그 기원은 고대 바빌론, 이집트, 그리스의 우상숭배 관습에 있다. 그렇다면 왜 교회는 이 교리를 받아들였는가? 어느 가톨릭 사제가 말했듯이, "연옥은 천주교회의 클론다이크 금광지대이다." 이는 마르지 않는 금광으로서 연옥에서 죄를 씻기 위해 죽은 부모님, 자녀, 또는 기타 사랑하는 자들이 고통 받고 있다는 생각으로 괴로워하는 자들이 엄청난 보물들을 생산해내는 것이다. 천주교도들은 얼마나 쓸데없는 고통과 고난을 감내하고 있는가! 얼마나 많은 사람들이 죽은 자를 위한 미사에 돈을 쓰는가! 하지만 그들은 헛되이 돈을 쓰는 것이다. 그리고 이것으로 부족했는지, 가톨릭 신학자들은 상상으로 만들어 낸 연옥에 대한 두려움을 들먹이며 독실한 천주교도들의 두려움에 박차를 가한다. 위대한 '교회 박사'인 토마스 아퀴나스는 이렇게 썼다. "연옥보다 지옥불이 더 두려운 것은 단지 그 영원한 지속성 때문이다." 하지만 바울 사도는 이렇게 썼다. "우리가 담대하여 원하는 바는 차라리 몸을 떠나 주와 함께 있는 그것이라"(고후 5:8).

외경

천주교회의 교리에 관한 마지막 질문은 잘 알려진 것이다. 즉, "왜 가톨릭 성경은 개신교 성경과 다른가? 왜 개신교 성경에는 없는 책들이 있는가?"라는 질문이다. 거기에는 이유가 있다.

로마가톨릭교회가 구약에 7권의 책을 추가 했다. 천주교도는 모두 이 책들을 성경으로 받아들여야 한다. 그렇지 않으면 대죄의 위험에 처하게 된다.

이 책들은 외경으로 알려져 있는데, 다음과 같다.

1. 토비트
2. 유딧
3. 지혜서
4. 집회서
5. 바룩
6. 마카베오상
7. 마카베오하

외경은 정경적이지 않다. 유대인들은 외경을 받아들이지 않았다. 왜냐하면 외경은 위조되었거나 기원이 알려지지 않았기 때문이다. 외경은 역사, 지리, 신학과 충돌을 일으킨다. 신약은 구약을 삼백 회나 인용하지만 외경은 전혀 인용하지 않는다.

저명한 유대 역사가인 요세푸스와 그리스도 이후 1세기 활동한 다른 지식인들은 유대인의 율법서와 선지서의 목록을 만들었지만, 그들의 목록에도 외경은 하나도 수록되어 있지 않다. 15세기 학자이자 성경 번역가인 성 제롬은 천주교회가 가장 위대한 박사 중 하나로 인정하는 사람임에도 불구하고 외경이 구약성경의 일부라는 주장을 강력하게 부인했다. "교황들도 트렌트 공의회가 외경을 구약에 더하고 이를 선포하기 전까지는 이를 정경으로 여기지 않았다"는 점은 주지의 사실이다. 트렌트 공의회는 외경을 "정경화" 하는데, 그 이유는 정경 일부에 죽은 자에게 하는 기도와 같은 내용을 언급하는 구절을 담고 있기 때문이며, 로마는 이것이 유용하다고 여겼기 때문이다.

로마교회의 핵심교리들은 근거가 없다. 로마의 체계는 오랜 세월에 걸쳐 그 사람들을 속박하려는 노력의 일환으로 형성된 것들이다. 나도 한 때는 이러한 속박에 따르는 고통을 당했었다. 하지만 나는 분노로 이런 내용을 쓰는 것이 아니다. 다만 다른 이들도 성경을 찾아보도록 권하기 위해 쓰는 것이다. 그곳에서 그들은 진리를 발견하고 자신의 족쇄를 부술 망치를 발견하여 자신의 영혼을 자유롭게 할 수 있을 것이다.

부록 C. 엘렌 G. 화이트와 제 칠일 안식교의 초기

엘렌 굴드 하몬(Ellen Gould Harmon)은 1827년 11월 26일, 마인 주(州) 고램이라는 작은 마을에서 아버지 로버트 하몬과 어머니 유니스 하몬 사이에서 태어났다. 그녀의 가족은 평범한 집안이었고, 아버지는 의류 제작자였다. 화이트는 태어나서부터 병약했고, 어릴 때는 호흡기 질환으로 고생을 했다. 건강 상태가 너무나 위중했기 때문에 몇몇 의사들은 성인이 되기까지 살아남지 못할 것으로 봤다. 엘렌은 뛰거나 아이들과 함께 놀 수 없었다. 그래서 보통은 사이드라인 밖이나 창가에 앉아서 다른 어린이들이 숨바꼭질을 하거나 술래잡기를 하는 모습을 구경할 뿐이었다. 비록 그녀는 조용하고 수줍음이 많았지만 아버지는 딸이 매우 똑똑하고 비상한 상상력과 창의적인 생각이 있음을 알았다.

어린이들은 종종 자신보다 못한 아이들에게 잔인하게 구는 경우가 있다. 엘렌이 바로 그런 경우를 당했다. 엘렌이 아홉 살이던 어느 날, 한 여자아이가 큰 돌을 쥐고 오더니 엘렌의 얼굴에 던지는 바람에 코가 부러졌고, 평생 흉을 남기고 만 것이다. 또한 이 일로 며칠 동안 혼수상태로 누워 생사를 넘나들었다. 다시 의식을 찾았을 때는 평생 자신을 따라다닐 신경질환을 앓게 되었다.

그녀는 아무 예고 없이 괴상한 경련을 일으키기 시작했다. 바닥에 아무 의식 없이 갑자기 넘어져 순간적으로 모든 감각을 잃고는 했다. 그럴 때면 몸은 꼿꼿이 경직되었다. 그리고 심장은 불규칙적으로 뛰었다. 발작 중에는 종종 죽은 것처럼 보이고는 했다. 그녀는 자신의 상태에 대해 이렇게 묘사했다. "내 건강은 급속히 나빠졌다. 나는 고작 갈라진 목소리로 속삭이는 소리를 낼 수 있을 뿐이었다. 그리고 일어나면 입 안 가득 피가 고여 있었다." 신경 질환 전문의들은 그녀의 상태를 히스테리 또는 강경증으로 진단했다.

그녀의 아버지는 딸을 무척이나 사랑했기 때문에 학교교육을 시키기 위해 모든 노력을 기울였다. 그리고 최후의 노력으로 특별한 보살핌을 받을 수 있는 한 여학교에 딸을 입학시켰다. 하지만 떨림 증세가 너무 심해져 연필을 쥐거나 석판에 글을 쓸 수 없었다. 학교는 그녀를 집으로 돌려보냈다.

1841년, 18살이 되었을 때는 순회 설교자인 윌리엄 밀러(William Miller)가 연 집회에 참석했다. 윌리엄 밀러는 메사추세츠 주(州) 피츠필드 출신 농부로서, 1812년 전쟁 당시 육군 대위로 복무했다. 그는 강력한 설교와 무서운 예언들로 유명했다. 1840년대 이후 그는 뉴잉글랜드 전역을 다니며 예수 그리스도가 1843년에 다시 오신다고 전했다. 그는 자신이 다니엘 8장과 9장을 연구한 결과 다니엘의 계시에 담긴 비밀이란 '유대인이 바벨론에서 포로로 있던 기간'의 마지막 때와 메시아의 재림 사이에

2300년의 기간이 있다는 사실임을 알아냈다고 선포했다. 밀러는 느부갓네살 왕이 예루살렘을 재건하라는 칙령을 내린 것이 주전 457년임을 추론했다. 그리하여 이 년도에 2300년을 더하여 1843년을 제안한 것이다. 그의 예언을 들은 사람들은 두려움에 떨었으며 많은 이들이 이를 확신했기 때문에 그가 뉴잉글랜드 전역을 다니며 "재림이 임했다"고 외칠 때, 수많은 무리가 그의 모임에 나왔다.

밀러의 예언은 시대정신과도 완벽하게 맞아 떨어졌다. 마지막 날이 임박했다는 분위기가 무르익었다. 1834년, 꼬리 길이가 일억 육천 킬로미터에 달하는 핼리 혜성이 하늘을 가로질러갔고, 유성우가 내렸다. 사람들은 하늘에서 이상한 불빛이 맴도는 것을 목격했다. 폭풍이 있었고, 지진이 발생했으며, 화재도 있었다. 바다에는 허리케인이 일었고, 용오름이 발생했으며 해일이 일어났다. 각 사건들은 그리스도 재림의 전조로 여겨졌다. 밀러는 자신이 위대하고도 영광스러운 발견을 해냈다고 믿으며 자신의 임무는 모든 사람에게 하나님의 나라가 임했다는 사실을 경고하는 것이라고 생각했다.

십대 소녀였던 엘렌도 그의 설교와 예언을 듣고 두려움에 빠졌다. 그녀는 모든 곳에서 악을 목격했고, 그리스도가 오셔서 자신의 죄악 된 행실 때문에 자신을 거부하실까봐 두려웠다. 엘렌은 자신이 저주를 받았다고 느꼈으며, 오랜 기간에 걸친 우울증

세로 괴로워했다.

또한 발작 증세도 더 빈번히 나타났다. 걸으면서도 환상을 말하며 자신이 본 엄청난 장면들을 생생하게 설명했다. 한번은 길고 가파른 길이 땅에서부터 거대한 심판 보좌까지 나 있는 것을 환상으로 보았다. 친구들과 친척들이 그 길을 걷고 있었는데 때때로 한 명씩 쓰러지더니 망각에 빠지는 것이었다. 엘렌은 이 이야기를 되풀이하였고, 때로는 그들의 이름도 말했는데 그러면 두려움에 빠진 친척들은 재빨리 생활을 바꿨다.

또 다른 환상에서는 동물들이 갈기갈기 찢긴 채로 있는데 사람들이 두려움과 비통함 가운데 그 주위를 빙글빙글 돌고 있는 모습을 봤다고 한다. 그리고 그 뒤에는 단호한 얼굴을 하신 그리스도의 모습이 어렴풋하게 보였다고 했다. 때로 그녀는 자신의 경고를 거부하는 자들에게 앞으로 예비 된 것들을 일러주는 목소리를 들었다. 또 몇몇 환상 중에는 지인 가운데 아픈 사람들이 보이고 그들을 고칠 방법을 가르쳐주는 메시지를 받기도 했다. 아팠던 사람들이 그녀의 조언을 듣고 너무나 급속하게 건강을 회복하는 바람에 의사들도 놀랄 지경이었다. 그녀는 아픈 사람들에게 약을 모두 버리고, 깨끗한 물을 많이 마시도록 권했다. 또한 커피, 티, 담배, 약과 같이 자극적인 것들은 절대로 섭취하지 않도록 했다. 의사들도 그녀의 말을 귀담아 듣게 되었는데, 이는 아마도 시골 지역의 약 상태가 너무 좋지 않았기 때문에 깨끗한 물이

다른 약보다 더 좋은 효과를 낸 것일 것이다. 할머니가 두 의사보다 낫다는 말도 있지 않는가.

엘렌의 명성은 멀리까지 퍼져나갔다. 사람들은 그를 하나님의 영감을 받은 신성한 여선지자로 여기고 조언을 구했다. 심지어 밀러도 감명을 받았다.

하지만 1843년이 왔다가 지나가는데도 예수님은 오지 않으셨다. 예수님이 오시기를 기다린 수천 명은 심한 곤경에 처했다. 많은 수가 재림 운동을 떠나갔다. 밀러 역시 실망하여 자신이 틀렸음을 고백하였고, 그러면서도 신실한 자들은 깨어 기다려 무방비한 상태로 재림을 맞지 말라고 권고하였다.

하지만 집회 모임은 계속되었고 재림파 지도자들은 그들의 실망감을 설명하기 위해 애를 썼다. 그러던 어느 날 군중 중에 한명이 일어나더니 자신이 하나님께로부터 예수님이 유대 달력으로 1844년의 일곱 번째 달에 오신다는 계시를 받았다고 했다. 이번에는 세상의 마지막 날로 특정 날짜를 지목한 것이었다. 그날이 바로 1844년 10월 21일이었다. 이 간증은 다시 한 번 재림 운동에 불을 지폈고 오히려 이전보다 더욱 크게 타오르도록 만들었다. 밀러를 따르는 자들은 세상에 경고를 하고 나섰다. 그들은 이번에는 이날이 '확실' 하며, 실수란 있을 수 없다고 부르짖었다. 그리고 10월 21일이 다가오자, 수백 명이 도시를 떠나 언덕으로 가서 예수님이 오실 것을 기다렸다. 밀러를 추종하던 사람들은 사업장의 문을 닫았고, 학교에서 아이들을 데려왔으며, 곡식들도 추수하지 않은 채로 내버려두었고, 재산들도 다 처분한 채 모여서 엄숙히 기도를 하며 기다렸다.

하지만 오랫동안 기다렸던 그날도 그리스도가 나타나지 않은 채로 지나가고 말았다. 사람들은 다시 생활을 꾸려나가야 했고 실망감과 슬픔이 일었다. 많은 사람들은 여전히 예수님이 곧 다시 오실 것을 믿었다. 그리고 자신들이 어디에선가 어떤 방식으로든 실수를 범했다고 생각했다. 그들은 자신들끼리 이야기를 하면서 무엇이 잘못되었는지를 이해하려고 했다. 밀러는 크게 낙심하여 자신이 범한 오류와 자신이 초래한 실망감에 사죄했다. 그는 이 운동의 지도자직을 내려놨고 너무나 낙심한 나머지 병에 걸리고 말았다.

열일곱 살이 된 엘렌은 또 다른 환상을 받았다. 이번에는 재림론자들이 하늘로 곧장 걸어가는 모습을 보았다. 또한 1844년이라는 날은 그저 오해에서 비롯된 것이라고 선포했다. 실제로는 그리스도가 갈보리에서 시작하신 속죄사역을 마무리하기 위해 자신의 하늘 성전에 가셔서 그곳을 깨끗하게 하신다는 뜻이라고 했다. 그녀가 다니엘 8:13-14에 근거해서 설명을 한 것은 분명했다. "매일 드리는 제사와 망하게 하는 죄악에 대한 일과 성소와 백성이 내준 바 되며 짓밟힐 일이 어느 때까지 이를꼬 하매 그가 내게 이르되 이천삼백 주야까지니 그 때에 성소가 정결하게 되리라 하였느니라." 그녀는 그리스도의 사역이 아직 끝난 것이 아니며, 죄는 여전히 씻겨 져야만 한다고 말했다. 왜냐하면 그리스도는 성소에서 "믿음을 고백한 성도가 과연 참으로 믿음 안에 있는지 조사 심판(investigative judgments)"을 하시기 때문이다. "이 일이 마무리되면, 그리스도는 세상에 돌아오실 것이다. 그가 돌아오실 때, 살아있는 의인은 하늘로 옮겨질 것이다. 그리고 죽은 의인은 부활하여 동일한 장소로 데려감을 받을 것이다. 거기에서 그들은 천년을 보낸다. 이 땅에서가 아니다. 이 땅은 그 기간 내내 황폐하게 될 것이다. 그 동안에 악한 자들에 대한 벌이 정해질 것이다. 이 천년이 지난 후에 그리스도가 의인들과 함께 이 땅에 임하시는데, '이곳에서 영원을 보낼 것이다.' 사탄과 악한 자들은 멸절될 것이다."[21]

그녀는 재림론자들에게 성경에 철저히 순종하며, 십계명을 지키고, 자신의 말을 들으라고 경고한다. 그녀는 자신이 환상 중에 하늘로 옮겨져 법궤를 보았는데, 제 4계명에 눈부신 후광이 둘려 있었다고 주장한다. "안식일을 기억하여 거룩하게 지키라…일곱째 날은 네 하나님 여호와의 안식일인즉"(출 20:8, 10).

토요일은 한 주의 일곱 번째 날이기 때문에 재림론자들은 일

---

21. John H. Gerstner, *The Teachings of Seventh-day Adventism* (Grand Rapids: Baker, 1960), p. 15.

요일이 아닌 이 날을 안식하는 날로 지켰고, 그래서 명칭도 제 칠일 안식일 예수 재림교가 되었다. 하지만 신약은 이들의 견해를 지지하지 않는다. 바울 사도는 구원받은 자들이 은혜 아래 있으며, 율법의 저주로부터 자유하다고 가르친다. 대부분의 그리스도인은 일요일을 안식일로 지킨다. 왜냐하면 그리스도가 '안식 후 첫날'인 일요일에 무덤에서 부활하셨기 때문이다. 예수님이 부활하신 날이 우리가 자유하고 의롭게 된 날이다. 바울은 우리에게 특별히 경고했다. "그러므로 먹고 마시는 것과 절기나 초하루나 안식일을 이유로 누구든지 너희를 비판하지 못하게 하라 이것들은 장래 일의 그림자이나 몸은 그리스도의 것이니라"(골 2:16-17).

엘렌은 열여덟 살이 되어가던 어느 날, 자신이 무의식적으로 떠는 행동을 이제 멈추게 될 것이라고 선언한다. 그리고 얼마 지나지 않아 그녀는 의식을 잃고 바닥에 쓰러진다. 다시 깨어났을 때에는 떠는 증상이 사라지고 그 이후로는 심각한 불편을 느끼지 않게 되었다. 그녀는 엄청난 열정으로 자신의 종교 사상을 추종하는 자들에게 명하고 청중들에게 전했다. 그녀는 하나님과 화평하면 건강이 좋아진다고 강조했다. 특히 수치료(hydrotherapy)라고 하는, 물을 치료법으로 쓰는 방식을 강조했다. 또한 어떤 식으로든 알코올 사용을 격렬하게 반대했고, 아편과 같은 약제도 반대했다. 당시 아편은 많은 약국에서 판매되고 있었고, 아편틴

크의 형태로 아기들의 울음을 멈추거나 배앓이를 진정시키는 용도로도 처방되었다. 또 그녀는 담배, 차, 커피 섭취를 무익하다고 생각했고 고기와 동물 기름, 특히 버터를 사용하지 말라고 경고했다.

스무 살이 되었을 때, 엘렌은 젊은 목회자인 제임스 화이트와 결혼한다. 그 역시 폐질환으로 학교를 다니지 못한 사람이었다. 하지만 그는 진정한 천재였다. 열아홉 살 이전까지 전혀 학교에 다니지 못했지만, 단 12주 만에 모든 학년 과정을 마치고 교사 자격증까지 획득한 것이다. 분명히 그의 학습 능력은 거짓이 아니었다. 그는 엘렌의 편집자이자 출판인이 되어 아내 글을 수정하고 탁월하게 다듬었다. 그의 도움으로 엘렌 화이트의 명성은 미국, 유럽, 호주 전역으로 퍼져갔다. 제 칠일 안식일 예수 재림교 운동은 이렇게 세계 종교로 발전해 갔다.

후기

1962년 10월 11일, 제 2차 바티칸 공의회가 소집되었다. 첫 회의에는 2400명의 가톨릭 주교가 참석했고, 개신교 측에서 40명이 넘는 참관인이 동석했다. 네 차례의 회의 동안 1100명이 넘는 사제들이 자신의 견해를 발표했고, 공식적으로 1965년 12월 8일에 폐회되었다.

교황 요한 13세는 교황직에 오르면서 '베드로의 배'가 직면한 대내외적인 많은 문제들을 목격했다. 그는 선언했다. "우리는 반드시 창을 열어야 합니다. 그래서 신선한 공기가 들어오도록 하고 새로운 진리를 발견해야 합니다." 하지만 결과는 딴 판이었다.

이번 세기의 역사를 쓸 때에, 제 2차 바티칸 공의회는 우리 시대의 가장 중요한 움직임 중 하나가 될 것이다. 이 공의회가 일으킨 새로운 힘은 아마도 다음 세기까지 전 세계의 역사의 흐름을 바꿀지도 모른다. 이는 모든 남자, 여자, 어린이, 그리고 기독교 세계에 있는 교회, 특히 미국의 교회에도 영향을 미칠 것이다.

주교들의 회의가 소집된 두 가지 주된 이유가 있다. 첫째는 바티칸이 모든 기독교 교단을 로마가톨릭이라는 우리 안에 포괄하려는 것이다. 이는 대부분의 사람들이 인식하는 것보다 훨씬 빠르게 진행되고 있는 문제다. 두 번째 이유는 바티칸이 2세기 말까지 전 세계에 특별한 정치권력이 되려고 작정했기 때문이다.

이 모든 일 뒤에는 매우 흥미로운 배경이 있다. 바티칸에 대한 진실은 간단 하지만은 않지만, 우리는 그 계획의 얼개(구조와 짜임)를 보고 교회가 그러한 세상 권력을 얻으려고 하는 이유와 그 방식을 이해할 수는 있다.

이를 이해하기 위해서는 교황 비오 12세(1939-1958)까지 거슬러 올라가야 한다. 그는 강력하고 단호한 지도자였으며, 보통은 밝은 사람이었지만 가끔 '환상'을 보는 사람으로서, 환상 후에는 깊은 우울증세가 뒤따랐다. 그는 거의 폭력적 반 공산주의자였다. 공산주의에 너무나 강렬히 반대하였기 때문에, 공산주의자가 된 로마가톨릭교도는 바로 그 이유만으로 로마교회에서 잘라 내라는 교령을 내리기도 한다.

비오가 재임하는 기간, 바티칸의 고위 관리들 사이에 몇 차례 격렬한 파벌 싸움이 있었다. 그중에는 나치를 옹호하는 연합세력과 느슨하게 조직된 중도파 무리가 있었다. 또한 세 번째 파벌이 있었는데, 바로 자유주의 사회주의자였다. 그들은 많은 교회 관리들의 은밀한 지지를 받았으며, 그중 한명이 바티칸에서 가장 교활한 외교관인 존 론칼리(John Roncalli)였다.

론칼리는 이차 세계대전 중에는 별 무게감 없는 외교관에 불과했지만, 특히 동유럽과 중동에서는 잘 알려지고 많은 호응을 얻은 사람이었다. 열 두 자녀를 거느린 가난한 농부의 아들로 태어난 그는 세계 일차대전에 이탈리아 군대에 입대하여 병장이 되었다. 전쟁 후에는 사제가 되어 바티칸의 외교단에 합류하였는데, 자신이 맡은 임무를 처리하는데 탁월한 능력을 뽐낸다. 호감이 가는 모습에 태평한 태도를 지닌 론칼리는 동유럽의 여러 나라에서 많은 친구를 사귀었고, 적은 최대한 적게 만들었다. 세계 이차대전 말미에는 터키에서 바티칸의 최고 정보원으로 러시아, 터키, 발칸반도 국가들, 중동의 정보를 모았다. 격동의 시대였지만 론칼리는 언제나 우아하고도 현실적인 태도를 견지하여 어디에서든 신뢰와 존경을 얻었다. 그는 말할 때와 침묵을 지켜야 할 때를 알았다. 심지어 공산주의자들도 그를 신뢰하고 그가 자신들을 이해한다고 말했다.

하지만 바티칸에는 그를 아주 싫어하는 사람들이 많았고, 론칼리도 그들을 무시했다. 그는 교회 외교관과 바티칸의 행정가로서 조용한 커리어를 마무리하려고 하는 것처럼 보였다.

하지만 프랑스에서 일어난 한 사건이 모든 것을 바꾸어 버렸다. 독일이 연합군에 항복한 직후, 프랑스의 사제들 사이에서 심각한 문제가 터져 나온 것이다. 이 문제는 교황을 괴롭게 했다. 이 문제는 전쟁 중에 나치에 동조했던 수백 명의 프랑스 주교들과 사제들에 관한 것이었다. 그들 중 일부가 프랑스 국가를 프랑스 및 독일 나치당에 팔아넘기는데 일조했다는 고발을 당한 것이다.

1940년 프랑스가 함락당한 후, 세계 일차대전의 영웅인 마샬 페탱(Marshal Petain)이 프랑스 수상이 된다. 그리고 1940년 6월 22일 휴전이 결정되었다. 페탱은 프랑스 중부지역의 국가수반이 되었다. 그는 페탱에게 충성심을 보이면 이익을 얻으리라고 생각한 프랑스 국민들에게서 상당한 후원을 받았다. 많은 수의 가톨릭 주교들과 사제들이 그를 지지했다. 하지만 비시 정부라고 하는 그의 정권은 독일인들과 협력했다는 불명예를 안는다.

전쟁이 끝나고, 프랑스는 페탱에게 격분한다. 그는 반역죄로 재판을 받고 유죄로 판결되어 1945년 8월 15일 사형이 선고된다. 이 시기에 전쟁 내내 프랑스 레지스탕스 운동을 주도했던 샤를르 드 골(Charles De Gaulle)은 총리 겸 국방상이 되었다. 그는 페탱이 받은 사형을 종신형으로 감형하고 브르타뉴 해안에서 멀리 떨어진 일드외 섬으로 보냈다.

드골은 나치와 부역한 프랑스인들을 색출하여 법정에 세우기로 작정했다. 그는 특히 프랑스가 함락 당했을 때 독일에 협조한 프랑스 주교들과 사제들을 법정에 세우는 일에 열심이었다.

비오 교황은 마찬가지로 그들을 법정에 보내지 않기로 작정했다. 게다가 비오 자신도 히틀러나 무솔리니를 막기 위해 아무 것도 하지 않았고, 독일과 이탈리아의 독재자들이 전쟁을 이기리라 믿고 그들과 협력하였다는 혐의를 받고 있었다. 심지어 유대인들에 대한 홀로코스트가 일어나고 있을 때에도 이러한 잔혹행위를 멈추기 위해 아무 일도 하지 않았다.

하지만 그는 독일의 전쟁 무기들이 연합군에 의해 파괴되는 것을 목격하고는 재빨리 독일과의 모든 관계를 단절하고 미국에게 구애하는 정책을 편다. 그는 어느 편이 되었든, 이기는 편에 서고 싶었던 것이다. 그는 잘못된 예측을 했고, 공개 재판이 일어나면 전쟁 중에 자신과 교회 고위층의 모습이 폭로될 것을 알았다. 그래서 가능한 이 일은 피하기로 작정한 것이었다.

프랑스에서는 거대하고도 다양한 사회주의자들의 파벌이 생겨났다. 여기에는 천주교 주교들 및 사제들도 대다수 포함되어 있었다. 예전에 나치를 옹호했던 사제들과 좌편향 사제들은 드골을 비난하는 설교를 우레 같이 내뿜고 글을 써댔다. 그렇게 해서 드골을 총리 겸 국방상의 자리에서 물러나게 하려고 했던 것이다. 문제는 날마다 심각해져갔다. 당시 프랑스의 정보력은 너무나 약해서 사제들이 드골을 공격하는 배후에 바티칸이 있다는 사실을 아무도 확인해 줄 수 없었던 것이다.

드골이 프랑스 전역에 재판소를 열고 종전에 나치를 옹호했던 사제들을 법정에 세우려고 하고 있었기 때문에 무언가 빠르게 조치를 취해야 했다. 바티칸은 절박하게 프랑스에 가서 드골과 거래를 성사할 능숙한 협상가를 찾았다. 누군가가 사회주의자들의 친구이자 나치와도 잘 지낼 수 있으며, 첩보활동에도 능숙한 존 론칼리를 떠올렸다. 그는 협상을 위해 프랑스로 보내졌고, 드골과 정치적 합의를 이끌어냈다. 드골이 나치에 협조한 사제들을 법정에 세우지 않으면 드골에 반대하는 사회주의자 및 나치에 협조한 사제들이 드골에 반대하는 것을 막겠다고 한 것이다.

드골은 물러나 반역한 사제들을 법정에 세우겠다는 계획을 포기할 수밖에 없었다. 그는 론칼리에게 그렇게 하겠노라 약속했고, 론칼리는 곧 프랑스의 사회주의자 가톨릭 신부들과 예전에 나치와 협조한 사제들에게 드골에 반대하는 모든 책동을 멈추라고 설득한다. 몇몇은 완고했지만 론칼리는 그들을 축복하고 인내하라고 말한다.

론칼리는 단지 바티칸에 엄청난 승리를 안겨준 것만이 아니라, 바티칸과 교회 전체에서 엄청난 추종자들을 만들어냈다. 그는 이 문제가 완전히 해결될 때까지 교황의 조언자가 되었다. 하지만 이제는 열렬한 친미파가 된 교황은 론칼리를 신뢰하지 않았다. 론칼리 역시 교황의 친미적 태도를 개탄했다. 그래서 그는 이면에서 조심스럽게 활동했다. 그러면서도 교황에게는 절대로 거역하지 않았지만, 가능한 모든 곳에서 사회주의자와 공산주의자에 대한 호의를 표출하고 다녔다. 교황은 곧 론칼리가 하고 다니는 일을 알았고, 더 이상 그를 참지 못했다. 그를 바티칸에서 몰아내면서도 천주교회의 자유주의자들의 비위를 상하지 않게 하려고, 교황은 론칼리에게 추기경의 모자를 주고 비엔나의 한직으로 보낸다. 그는 론칼리가 자신의 임무를 조용히 하면서 정치를 내려놓고 평화롭게 죽기를 바랐다.

하지만 먼저 죽은 것은 교황 비오였다. 그리고 전 세계 추기경들이 새로운 교황을 선출하기 위해 로마에 모였다. 좌경화된 나라들은 대부분 론칼리가 교황이 되는 편을 선호했다. 또한 대부분이 이탈리아인인 자유주의 추기경들 중 다수도 그러했다.

처음에는 추기경 대다수가 교황에 몬티니를 세우려고 했다. 하지만 교황 선거 회의 중에 추기경들은 새로운 교황이 추기경단에서 나와야 한다고 결정하게 된다. 이렇게 해서 몬티니는 부적격자가 되었다.

누가 새로운 교황이 되어야 할 것인가? 처음에는 론칼리 추기경은 아무런 가망이 없는 것처럼 보였다. 하지만 열 번의 비밀 투표를 마친 후에 추기경들은 다른 누구에게도 모두가 합의할 수 없는 것을 깨달았다. 그리고 론칼리는 훌륭한 '절충안 후보' 처럼 여겨졌다. 그는 칠십 칠세에, 비만이었고, 골초였기 때문에 매우 오래 살 것으로 보이지 않았다. 무엇보다도 중요한 것은 그가 경험 많은 바티칸 행정가이자 능숙한 외교관이었다는 점이었다. 문제들과 불확실성으로 점철된 세계에서 그는 적절한 선택지처럼 보였다.

론칼리는 마침내 열한 번째 투표에서 선출되었고, 교황 요한 13세가 된다. 그는 더 많은 이들이 받아들일 수 있는 후보자가 나올 때까지 일하는, 일종의 '관리인' 교황 정도로 여겨졌다.

바티칸은 얼마나 큰 충격을 맞게 되는가! 추기경들이 새로운 교황이 관리인 정도에 그칠 것으로 여긴 것은 오산 정도가 아니었다. 교황은 종교개혁 이후로 전례가 없는 교회 내의 개혁 방안을 개시한다. 그는 자신의 선임자인 비오 7세의 정책과 관례에 열성적인 반동주의자였던 것이다. 교황 요한 13세를 '첫 분홍색 교황'이라고 칭하는 것은 적절하다고 할 수 있다.

그는 교황권을 얻게 된 후에 즉시 몬티니를 추기경으로 삼아 그가 다음 교황으로 정해질 가능성을 높였다. 몬티니 추기경과 교황 요한은 종교 및 정치와 관련한 여러 문제에 의견을 같이하였다.

교황 요한은 또한 비오 12세의 절친이었던 미국의 추기경인 스펠맨에게 더이상 로마에서 환영받지 못할 것을 분명히 했다. 교황은 다니면서 바티칸에 친미 고위 사제를 다 몰아내고 자유주의자들로 대체하였다.

하지만 대중 앞에서는 새로운 교황의 따뜻한 마음과 편안한 태도 및 강하면서도 소박한 모습으로 즉각적인 인정을 받았고, 세계의 언론, 텔레비전, 라디오의 귀염둥이가 되었다. 거의 하룻밤 사이에 그는 전 세계 천주교도들과 그 외의 사람들에게서 유명인사가 되었다. 그는 수백만의 사람들에게 아버지 같은 존재가 되었다.

하지만 그는 공격적이고 매우 달변가였다. 그는 교회 개혁을 많이 실시했다. 그는 심지어 예수와 칼 막스의 가르침 사이에는 공통점이 있다고까지 말했다. 자유주의자 진영의 저명한 사제들은 유고슬라비아의 티토와 소련 외무상인 그로미코에게 특별한 호의를 보였다. 그렇게 한 이유는 천주교회를 사회주의자들과 동일시하기 위한 것으로, 교회는 종종 예수님을 작업복 차림을 한 공장 일꾼으로 묘사했다. 이는 중앙아메리카, 남아메리카, 아프리카, 중동의 여러 나라에 특히 강한 인상을 남겼다.

왜 이 모든 일을 행한 것인가? 교황 비오는 그렇게나 반 공산주의자였는데 어떻게 사회주의자들과 공산주의자들이 바티칸으로부터 환대와 관심을 받게 된 것인가? 거기에는 여러 가지 이유가 있다.

교황 요한과 바티칸의 지도자들은 전 세계와 종교, 경제, 정치를 연구했다. 그들은 천주교신앙, 개신교신앙, 민주주의, 사회주의, 공산주의가 득세한 것을 연구했다. 그들은 전 세계의 비밀 정보원들의 보고서를 연구하고 분석했다. 그러고 나서 간단하게 말하자면, 바티칸은 이번 세기 말에는 공산주의가 세계를 지배할 것으로 결론내린 것이다.

세계에서 급속하게 성장하는 인구의 절반은 이미 사회주의 또는 공산주의의 국가에 있거나, 그 세력 아래에 놓여 있다. 전 세계의 식량 및 기타 필수품 생산량은 인구의 증가 속도를 따라가지 못하고 있다. 수십 억 명의 사람들, 특히 가난한 국가의 사람들은 비탄에 처해 있고 강력한 지도자들이 나타나면 언제라도 폭발한 준비가 되어 있다. 공산주의자들은 그러한 지도력을 제공하기 위해 열심인 것이다.

하지만 러시아의 지도자들은 공산주의 시스템의 결점, 결함을 목격하고, 또한 악화되고 있음을 알고 있다. 반세기가 지났는데도 러시아는 여전히 음식, 의류, 주택, 교통, 서비스와 같은 기본적인 필요를 충족하지 못하고 있다. 러시아 지도자들은 일간 신문도 자유롭게 배부하지 못하게 하고, 정부에 대해 비판하거나 이야기할 자유도 없다. 그들은 축 처지고 있는 공산주의의 열정을 되살리기 위해 무언가 새로운 것이 필요함을 인식하고 있다. 그들의 실패를 상쇄할 무언가 말이다.

그것은 무엇이 될 것인가? 종교인가? 공산주의의 교리를 퍼뜨리기 위해 더욱 노력하는 것인가? 전쟁인가?

많은 바티칸의 사제들은 천주교가 그들의 문제에 해답이 되리라고 믿는다. 몇몇 고위 사제들은 바티칸이 공산주의자들을 필요로 하는 것보다 공산주의자들이 더욱 바티칸을 필요로 한다고 생각한다. 이 세기가 지나기 전에 공산주의자들과 화해가 이루어질 것이라고 믿는 자들도 있다. 바티칸과 크렘린의 상호 이해, 또는 동맹까지도 전혀 상상 못할 일은 아니게 되었다. 고인이 되신 풀톤 J. 쉰 주교는 몇 년 전 이렇게 이야기하셨다. "미래에 전 세계에는 오직 두 개의 정부만 남게 될 것이다. 바로 로마와 모스크바이다."

　미국은 착각하고 있는가? 그렇다! 쾌락의 추구가 마치 죄의 파도처럼 미국을 휩쓸고 있다. 많은 미국 젊은이들은 가난이란 새로운 자동차나 음향 장비가 없는 것으로 정의한다. 미국인들은 물질적인 욕구에 거의 전적으로 사로잡혀 버렸다.

　예수님은 말씀하셨다. "사람이 먼저 강한 자를 결박하지 않고는 그 강한 자의 집에 들어가 세간을 강탈하지 못하리니 결박한 후에야 그 집을 강탈하리라"(막 3:27). 아마도 그 강도는 이미 우리 집에 들어와 있는데, 우리가 자기 자신에 사로잡혀 있어서 그 강도를 보지 못하고 있는 것일 수도 있다.

천주교 용어집

감실(tabernacle) 보통 제단 위에 두는 상자로서 미사가 진행되지 않을 때 축성된 빵과 포도주를 보관한다. (미사 참고)

고해성사(confession) 사제에게 한 사람의 죄를 말하는 것. 고해성사의 지침을 다 따르면 사제는 사죄, 즉 용서를 한다. 그리고 보속, 즉 죄인이 용서를 얻어내기 위해 필요한 행위를 지정한다.

고해신부(confessor) 고해를 듣고, 사죄를 하며, 보속을 지정하는 사람. 그는 적어도 사제여야만 한다.

고행(mortification) 영혼의 유익을 위해 몸의 고난을 견디는 것. 기도는 고행의 유한 형태이다. 더욱 엄격한 형태로는 금식, 채찍질, 불편한 옷을 착용한 것('헤어 셔츠'), 극한 온도를 견디는 것과 유사한 행위들이 있다. (채찍질 참고)

고죄경(confiteor) 고백의 기도. 기도문의 형식은 가톨릭 수도회(수도회 참고)에 따라 다양하다.

교구(diocese) 한 주교가 관리하는 지역

교황 무류성 신앙 및 도덕에 관하여 내린 정식 결정은, 하나님의 특별한 은총으로 말미암아 오류가 있을 수 없다는 주장.

관구(provincial) 신부 참고.

관상 기도(contemplative prayer) 묵상 기도가 발전한 상태의 기도.

본질의 직관에서 오는 직관 기도이다.

9일 기도(novena) 개인이나 공동체가 특별한 은총을 받기 위하여 9일 동안 계속하여 기도하는 것

대미사(High Mass) 미사 참고.

대사, 면죄부(indulgence) 이미 용서받은 특정한 죄에 대한 잠벌(temporal punishment)을 무효화하는 것. 다른 말로 하자면, 대사는 죄인이 연옥에 머무는 기간을 단축하는 것이다. 이는 다양한 선행의 대가로 주어지는 것으로서, 마르틴 루터의 종교 개혁은 교회가 미리 면죄부를 팔던 행위 때문에 시작되었다. 이는 사실상, 구매자에게 죄를 짓는 허가권을 판 것이다. (연옥 참고)

대수도원장(abbot) 수도원 공동체의 수장.

몬시뇰(monsignor) '나의 주인'이라는 뜻을 지닌 이탈리아어로 고위 사제에게 부여되는 칭호. 교황, 대주교, 추기경, 수도원장, 몇몇 사제 및 교회의 지배층인 교황청 구성원에 해당한다.

무릎절(genuflect) 무릎을 꿇는 행위(보통은 오른 무릎). 무릎절은 보통 가슴에 하는 '십자 성호'를 수반한다.

묵주기도(rosary) 기도문으로서 '성모송'과 '주님의 기도'를 되풀이한다. 종종 기도를 반복할 때 묵주의 구슬을 사용하여 숫자를 센다.

미사(Mass) 성체 재료(제병과 포도주)가 실체변화라고 하는 과정을 통해 그리스도의 몸과 피로 변화한다고 추정할 때 드리는 예식. 미사는 갈보리를 재연하는 것이라고 한다. 주교 집전 미사는 교황이

나 주교가 집전하는 것으로서, 많은 보조자와 추가적인 예식이 더해진다. 대미사 또는 장엄미사는 부제와 복사의 도움으로 집전한다. 찬양을 많이 하고 향을 사용한다. 평미사는 한 명의 사제가 한 명의 복사의 도움을 받아 집전한다. 찬양이 적고 향을 사용하지 않는다. 장례미사라고 하는 죽은 이를 위한 미사는 일반 미사에서 다소 '즐거운' 부분을 생략한다.

바티칸(Vatican) 로마 교황을 원수로 하는, 세계에서 가장 작은 독립국.

보속(penance) 고해성사, 성사 참고.

복사(acolyte) 미사 시 사제를 돕는 사람. 주요 임무는 초의 불을 켜고 들고 다니며 제단에서 사제를 돕는 것이다.

사제(catholic priest) 주교와 신부를 아울러 이르는 말.

사제관(rectory) 재속신부가 거주하는 곳. (재속신부 참고.)

사죄(absolution) 고해성사 참고.

상서국(chancery) 교구의 행정 기구(교구 참고).

서품후보자(ordinand) 서품을 받게 될 자.

성광(monstrance) 축성된 성체를 담는 용기로서 미사 중에 회중에게 보여주는 용도로 사용한다. (성체, 미사 참고)

성무일도(breviary) 성무 일과(성무 일과 참고)의 여러 부분을 포함한 기도서. 성무일도에는 다양한 판본이 있다.

성무일도(Divine Office) 사제 및 사제직을 위해 공부하는 자들이 날마다 따라할 수 있도록 되어 있는 공적 기도문(그 외의 사람들에게도 권장은 되지만 필수로 요구하지는 않는다). 때로는 시간 전례라고도 하며, 시편, 찬미가, 교부들의 저술로 이루어진다. 교회력을 따라 매일 읽을 수 있도록 구성되어 있다.

성배(chalice) 미사 때 포도주를 담는 잔.

성사(sacrament) 수혜자에게 은혜를 베풀고, 하나님의 은총이 임하도록 하는 종교 의식. 1200년대 이후로 천주교회는 칠성사를 인정한다. 세례, 견진, 성체, 고해, 혼인, 성품, 병자 성사가 있다. 병자 성사는 예전에 종부성사 또는 마지막 도유라고도 했다. (성체성사, 고해성사 참고.)

성의(habit) 수도회의 구성원들이 입는 서로 구별되는 공식적인 겉옷. 남성과 여성 의류에 모두 해당하는 용어.

성작수건(purificator) 미사 중에 사용한 성배 및 다른 용기를 닦는 수건. (성배, 미사 참고)

성직의(sacerdotal) 사제직과 관련 있는.

성좌선언(ex cathedra) 그리스어로 '의자로부터'라는 의미. 교황이 성좌선언을 하면 그는 믿음과 도덕의 문제에 무류하다고 한다. 성좌선원은 상대적으로 드물다.

성체(corpus) 그리스도의 몸

성체(Blessed Sacrament) 축성된 빵, 미사 중에는 그리스도의 몸으로 숭배된다.

성체성사(Eucharist) 미사 중 성찬, 성찬식이라고도 한다. (미사 참고)

성체 재료(elements) 미사 참고.

성체 조배(聖體朝拜) 하느님의 큰 선물인 성체의 외형 안에 현존하는 예수에 대하여 마음을 모아 감사와 찬미를 드리는 예배.

소수도원장(prior) 신부 참고.

소신학교(minor seminary) 열두 살에서 열여덟 살 사이인 사제 후보생들이 다니는 예비학교

소죄(venial sins, 小罪) 고해 성사를 아니하고도 용서받을 수 있는 가벼운 죄.

수도원(monastery) 수도원장이 관리하는 은둔 공동체. (신부 참고)

수도원 식당(refectory) 수도원 내 식사하는 공간

수도회(order) 천주교회 내에 존재하는 조직화된 무리. 이러한 수도회로는 트라피스트회, 가르멜 수도회, 프란치스코회, 도미니코 수도회 등이 있다. 교회는 인정하지 않지만, 수도회는 개신교의 교단과 얼추 유사하다. 많은 경우 여러 수도회 사이에는 격렬하고 불같은 경쟁이 존재한다.

수련기(novitiate) 수련자가 수련하는 기간. 보통 수도원과 같은 수련 공동체에서 일 년의 격리생활을 포함한다.

수련자(novice) 성직에 들어설 준비를 하는 자. 서약을 하지 않았다면 계속 해야 할 의무는 없다.

수련장(novice master) 수련기에 있는 수련자들을 훈련하는 책임자 수사. 수도사

스카풀라(scapular) 양털로 짠 두 개의 천 조각으로 만든 성패로서 목에 두른다. 스카풀라는 보호를 제공한다고 한다. 죽음의 순간에 착용하고 있으면 지옥에서 구원된다.

신부(father) 가톨릭 사제에게 붙이는 호칭. 주임 신부(father rector)는 교회, 대학, 신학교를 총괄한다. 소수도원장(father prior)은 소수도원을 총괄하거나 대수도원장(father abbot)을 섬기는 역할을 한다. 대교구는 관구(province)에 속한 수도회의 여러 수도원을 총괄한다. (수도회 참고)

실체변화, 화체설(transubstantiation) 미사 참고.

십자가의 길(Stations of the Cross) 그리스도의 고난을 따라 묵상하는 것. 보통 14처이지만 그 개수는 다를 수 있다. 제1처 : 그리스도가 빌라도에 의해 사형선고를 받으심. 제2처 : 그리스도가 십자가를 지심. 제3처 : 그리스도가 처음으로 넘어지심. 제4처 : 성모와 만나심. 제5처 : 시몬이 십자가를 짐. 제6처 : 성녀 베로니카, 수건으로 예수의 얼굴 씻어 드림. 제7처 : 그리스도가 두 번째 넘어지심. 제8처 : 예루살렘 부인들을 위로하심. 제9처 : 그리스도가 세 번째 넘어지심. 제10처 : 그리스도의 옷이 벗겨지고 쓸개 탄 포도주를 맛보심. 제11처 : 십자가에 못 박히심. 제12처 : 죽으심. 제13처: 십자가에서 내리심. 제14처 : 무덤에 묻히심. 비공식적으로 15

처, 부활을 추가할 수 있음. 교황을 위한 기도와 함께 각처에서 면죄부를 제공함(면죄부 참고)

십자고상(crucifix) 십자가 형상으로서 보통 고난당하는 그리스도 상이 붙어있다.

알비주아파(Albigeois) 카타리파의 또 다른 이름으로 주로 남프랑스 알비(Albi) 지방의 카타리파를 지칭하는 용어이다. 그들은 선과 악을 동시에 인정하고 예수는 단지 성령일 뿐 육체를 가진 적이 없다고 주장하였다. 그리고 교황청을 '바빌론의 창녀'라고 부르면서 모든 가톨릭 의식을 부정하였다.

얼개 천주교 조직을 이루는 구조와 짜임.

연옥(purgatory) 지옥에 갈 정도로 악하지는 않지만 천국에 갈 정도로 선하지도 않은 자들을 벌하는 가상의 공간. 연옥에서 정화하는 불을 통해 하나님을 볼 수 있게 된다. 한 사람의 악의 정도에 따라 연옥에 머무르는 기간은 달라진다. 위령미사와 면죄부는 그 기간을 짧게 할 수도 있다. (면죄부, 미사 참고)

영대(stole, 領帶) 성사 집행 때 사제가 목에 걸어 몸 앞 양쪽으로 길게 늘어뜨린 헝겊 띠

위그노(Ugono) 1560년 이후 프랑스에 사는 개신교도를 말한다.

위령미사(Requiem Mass) 미사 참고.

장엄미사(Solemn High Mass) 미사 참고.

재속신부(secuular clergy) 세상에서 섬기는 사제로서 '수도 사제',

즉 수도원에 속한 사제들과 대비된다.

제병(Host) 전병을 말하며, 미사 중에 그리스도의 실제 몸으로 변화한다고 한다.

제의(chasuble) 미사 때 사제가 착용하는 사제복

제2차 바티칸(Vatican II) 교회 공의회로서, 제 2차 바티칸 공의회라고 한다. 교황 요한 23세가 교회를 현대화하려는 목적으로 소집하였다. 1962년 10월 11일부터 12월 8일까지 모였고, 이후에 교황 바울 6세가 1964년 9월 29일에서 1965년 12월 8일까지 산발적으로 소집했다. 그 핵심 목표는 교회가 세계적 교회 아래 모든 세계 종교의 지도자 위치를 담당할 준비를 하기 위함이었다. 교회가 더욱 널리 용인되기 위하여 공의회가 공격적인 신앙과 관습을 포기한 것처럼 보이기 위해 공의회를 이용했지만, 실제로는 그렇지 않았다.

주임신부(rector) 신부 참고.

차부제(subdeacon) 대품(大品) 가운데 첫 번째 품. 목숨을 다할 때까지 정결을 지키고 독신생활을 하며 매일 성무 일과를 염할 의무가 있다. 교직은 부제의 아래에 해당하였으나 새 제도에서는 없어졌다.

찬가(canticle) 시편 이외의 성경을 따서 만든 성가 또는 기도. 예로는 마리아의 송가(눅 1:46-55)와 시메온의 노래(눅 2:29-32)가 있다.

채찍질(flagellate) 채찍이나 막대로 때리는 것. 수도자들이 보통 스

스로를 채찍질한다. 가톨릭 사전에 따르면 '알맞게 행하며 신심의 이유로 인해 금지되지 않는다.'

카속(cassock) 남성 사제들이 예복 안에 또는 일상생활을 할 때 입는 긴 옷.

참고문헌

Abbot, Walter M., S. J. *The Documents of Vatican II*. New York: Guild Press, 1966.

Aquinas, St. Thomas. *On the Truth of the Catholic Faith* (Book I: *God* and Book II: *Creation*). Garden City, N. Y.: Doubleday, 1955.

The Armed Forces Chaplains Board. *Book of Worship for United States Forces*. Washington: Government Printing Office, 1974.

Attwater, Donald, *Dictionary of Saints*. New York: Penguin Books, 1965.

Beach, Bert Beverly. *Vatican II, Bridging the Abyss*. Washington: Review and Herald, 1968.

Berkouwer, Gerrit C. *The Conflict With Rome*. Philadelphia: Presbyterian and Reformed, 1958.

Blanshard, Paul. *Paul Blanshard on Vatican II*. Boston: Beacon Press, 1966.

Boettner, Loraine. *Roman Catholicism*. Philadelphia: Presbyterian and Reformed, 1962.

Brown, Lewis. *This Believing World*. New York: Macmillan, 1930.

Bruce, F. F. *The Spreading Flame*. Grand Rapids: Eerdmans,

1958.

『초대교회 역사』 CLC, 2009.

Chiniquy, Charles. *Fifty Years in the Church of Rome*. Grand Rapids: Baker, 1958.

Dillenberger, John. *Martin Luther*. Garden City, N. Y.: Doubleday, 1961.

Dowley, Tim (gen. ed.). *Eerdmans' Handbook to the History of Christianity*. Grand Rapids: Eerdmans, 1977.

Dreyer, F. C. H. *Roman Catholicism in the Light of Scripture*. Chicago: Moody, 1960.

Durant, Will. The Story of Philosophy. New York: Simon and Schuster, 1953.

『철학이야기』 동서문화사, 2016.

Gibbon, Edward. *The History of the Decline and Fall of the Roman Empire*. Boston: Adline, 1940. 『로마제국 쇠망사』 까치글방, 2010.

Hislop, Alexander. *The Two Babylons, or Papal Worship*. Neptune, N.J.: Loizeaux, 1916.

『두 개의 바빌론』 안티오크, 2013.

Kuiper, B. K. *The Church in History*. Grand Rapids: Eerdmans, 1951.

Latourette, Kenneth Scott. *A History of Christianity*. New York: Harper and Row, 1953.

Lehmann, L. H. *Out of the Labyrinth*. Grand Rapids: Baker, 1964.

McGee, J. Vernon. *Genesis*, Vol. 1. Pasadena: Thru the Bible Books, 1975.

―――――――――――――――. *Revelation*, Vol. 1. Pasadena: Thru the Bible Books, 1975.

McKnight, John P. *The Papacy, A New Appraisal*. New York: Rinehart, 1952.

McLoughlin, Emmett. *American Culture and Catholic Schools*. New York: Lyle Stuart, 1960.

Manhattan, Avro. *Religious Terror in Ireland*. New York: Arno Press, 1972.

―――――――――――――――. *The Vatican Moscow Alliance*. New York: Ralston-pilot, 1977.

―――――――――――――――. *Vatican Imperialism in the Twentieth Century*. Grand Rapids: Zondervan, 1965.

National Geographic Society. *Great Religions of the World*. Washington: National Geographic Society, 1971.

―――――――――――――――. *Greece and Rome, Builders of Our World*. Washington: National Geographic Society, 1971.

Numers, Ronald K. *Prophetess of Health, A Study of Ellen G. White*. New York: Harper and Row, 1976.

Ott, Ludwig. *Fundamentals of Catholic Dogma*. Rockford, Il.: Tan Book, 1974.

Pollock, A. J. *Is Roman Catholicism of God?* Lowestoft, England: Green, 1963.

Spence, O. Talmadge. *Charismatism, Awakening or Apostasy?* Greenvile, S.C.: Bob Jones University Press, 1978.

"내가 너희 중에서 예수 그리스도와
그가 십자가에 못 박히신 것 외에는
아무 것도 알지 아니하기로 작정하였음이라" (고전 2:2)

진리를 찾아나선
가톨릭신부의 회심

초판 1쇄 발행 | 2018년 1월 15일
지은이 | 바돌로매 F. 브루어
옮긴이 | 이대은
펴낸이 | 이재승 · 황성연
펴낸곳 | 하늘기획
마케팅 | 이숙희 · 최기원
관리부 | 이은성 · 한승복
교정 · 교열 | 석윤숙 · 이동식
북디자인 | 한윤순
주소 | 서울 중랑구 망우로192(상봉동) 성신빌딩
등록번호 | 제6-0634호
ISBN 89-92320-96

총판 | 하늘물류센타 **전화** | 031-947-7777 **팩스** | 0505-365-0691
copyright©2017, 하늘기획

※ 정가는 뒷표지에 있습니다.
※ 잘못되거나 파손된 책은 구입하신 서점에서 교환하여 드립니다.